katrin
cargill

rideaux!

plus de trente modèles de rideaux
et de stores à faire soi-même

photographies par david hiscock

• MARABOUT •

Pour David et Harry,
mes plus grands soutiens

Première édition en 2001 par Quadrille Publishing Ltd
Texte et idées © Katrin Cargill, 2001
Maquette © Quadrille Publishing Ltd, 2001
Photographie © David Hiscock, 2001
Dessins : Lizzie Sanders
Direction de création : Mary Evans
Direction éditoriale : Jane O'Shea
Direction artistique : Françoise Dietrich
Secrétariat d'édition : Nicki Marshall et Alison Moss
Iconographie : Nadine Bazaar
Fabrication : Nancy Roberts

Traduction : Catherine Ceresne et Renée Méry,
avec la collaboration de Raphaële Vidaling
et David Reneault
Mise en page : Maogani

Dépôt légal : 30110 mai 2003
Codification : 4035994
ISBN : 2501-03919-X
Imprimé à Singapour par KHL

chapitre 1
choisir ses rideaux

Cette première partie passe en revue les différentes fenêtres et les difficultés que leur structure peut engendrer, en proposant à chaque fois des exemples de rideaux appropriés. Les rideaux permettent non seulement de réguler la lumière et le degré d'intimité d'une pièce, mais aussi de rééquilibrer efficacement des fenêtres qui paraissent peu en harmonie. Couleurs, motifs et textures offrent un choix de rideaux inépuisable. Pourquoi ne pas les confectionner vous-même ?

les types de fenêtres

Examinez attentivement vos fenêtres, non seulement en soi mais aussi par rapport à la pièce. Occupent-elles une grande partie du mur ou ne sont-ce que des trouées ? Il se peut qu'elles participent à l'architecture de la pièce, notamment s'il s'agit de baies vitrées ou de lucarnes. Exercez-vous dans un premier temps à reconnaître les différentes fenêtres, le choix de vos rideaux s'en trouvera par là même restreint.

On distingue les fenêtres à guillotine, qui disposent d'un encadrement et s'ouvrent verticalement en tirant sur une cordelette, des fenêtres à battants, qui s'ouvrent généralement vers l'extérieur et peuvent comporter un ou deux battants. Ces deux types de fenêtres se prêtent à de nombreux habillages. Les portes-fenêtres, quant à elles, s'ouvrent souvent vers l'intérieur, ce qui complique la pose des rideaux : il faut fixer la tringle assez haut, en prévoyant une bonne longueur de chaque côté. On peut leur préférer des stores, à condition de pouvoir les remonter bien haut pour dégager les vitres, ou en faire fabriquer sur mesure pour chaque cadre. Les vérandas sont en réalité un alignement de fenêtres qui s'avancent par rapport à un mur et décrivent un rectangle ou un arc de cercle. Si vos fenêtres sont à guillotine ou s'ouvrent vers l'extérieur, vous pouvez poser une tringle en prenant soin de bien aligner les fixations latérales. Les fenêtres qui s'ouvrent vers l'intérieur nécessitent un store ou un rideau pour chaque battant de manière à ce qu'ils ne gênent pas leur ouverture.

Pour ce qui est des baies vitrées, des portes-fenêtres et des vérandas, il convient avant tout de masquer le moins possible l'architecture et la vue. À cet effet, les tringles escamotées, les stores roulants ou encore les volets et contrevents sont parfaits, leur aspect fonctionnel ne leur faisant pas prendre le pas sur la fenêtre et mettant même celle-ci en valeur. Quant aux fenêtres rondes ou en ogive, elles se suffisent amplement en soi sur un plan architectural, le mieux est donc de les laisser nues. On peut équiper les fenêtres mansardées de rideaux fixés sur des tringles pivotantes, lesquelles seront rabattues contre les murs mitoyens lorsqu'on les ouvrira, ou bien les équiper de stores roulants individuels. Si elles se situent sur une surface inclinée, le mieux est de leur apposer deux tringles, une en haut mais aussi une autre en bas, qui retiendra le rideau contre la fenêtre.

Quel que soit le problème que pose l'habillage d'une fenêtre, essayez de le résoudre le plus simplement et le plus logiquement possible, car plus votre solution sera compliquée, plus elle risquera de ne pas être la bonne.

ci-dessus

Les mêmes croisées de fenêtres peuvent donner lieu à une variété impressionnante de rideaux.

à droite

Ce que l'on voit d'une fenêtre, depuis l'extérieur, est bien souvent révélateur du style qui règne à l'intérieur.

pages suivantes

Les fenêtres existent dans toutes les tailles et dans tous les styles, et pour certaines les rideaux ne sont pas forcément nécessaires.

effets décoratifs

Jadis, on ne se posait pas tant de questions sur le traitement des fenêtres. Au XVIIIe siècle, on les laissait pratiquement toujours nues, car le tissu était bien trop cher pour servir à des fins décoratives. On se contentait d'apposer un petit volant sur le haut des fenêtres ou bien de tendre une bande de coton en travers, en comptant sur les volets pour préserver chaleur et intimité. Lorsqu'au XIXe siècle le tissu devint moins cher et plus facile à trouver, il fut d'usage d'habiller ses fenêtres de panneaux en dentelle, de stores bouillonnés, de drapés de soie aux motifs variés et de cotonnades aux impressions vives en superposant les voilages, rajoutant ainsi aux motifs et étoffes déjà présents dans la pièce. Aujourd'hui encore, certains continuent de penser l'habillage d'une fenêtre comme une véritable pièce montée, en commençant par des voilages et en leur superposant plusieurs rideaux agrémentés de pompons et autres fioritures. En réalité, ce type d'habillage est né d'un besoin pratique : les fenêtres des maisons anciennes avaient, en effet, une fâcheuse tendance à laisser passer les courants d'air.

Depuis le début des années 2000, on s'est mis à considérer d'un œil nouveau ce que les rideaux pouvaient apporter à un intérieur. Ce changement est dû en grande partie aux progrès effectués en matière d'isolation thermique. Grâce au double vitrage et au chauffage central, nous avons cessé de nous calfeutrer et avons laissé entrer la lumière dans nos intérieurs. Cette liberté gagnée nous permet de nous intéresser davantage à l'effet que nous souhaitons créer. Recherchons-nous une atmosphère théâtrale ou au contraire calme et sereine ? Préférons-nous un traitement classique ou un habillage original qui apportera à notre intérieur une touche plus personnelle ?

Aujourd'hui, tout est permis ou presque. Les multiples tendances de la mode ainsi que le vaste choix des tissus proposés nous permettent de sélectionner des matières, des motifs et des ornements de tringlerie pour obtenir des rideaux qui étonneraient sans doute nos grand-mères, mais répondent aux exigences modernes en termes de praticité, de quête d'exotisme mais aussi d'authenticité. La même liberté de choix s'applique aux fournitures liées aux rideaux ; on trouve ainsi dans presque n'importe quel supermarché des câbles métalliques et des œillets qui apportent instantanément un petit air moderne à une pièce. Les stores vénitiens, ou à lamelles, permettent de contrôler parfaitement la lumière, du degré de filtrage le plus minime jusqu'à l'obtention du noir complet. De plus, les systèmes de tringles doubles font apparaître

à droite

L'aspect théâtral de ce rideau semblable à une bannière tricolore est d'autant plus frappant que la pièce est haute de plafond. Il complète ici parfaitement un mobilier moderne très éclectique.

page suivante gauche

Ces robes vintages suspendues devant la fenêtre permettent à leur propriétaire de les montrer tout en créant un rideau original qui crée dans la pièce une atmosphère intime.

page suivante droite

Les tissus légers aux motifs minimalistes rendent très bien dans les intérieurs modernes fondés sur des lignes pures et des matières naturelles.

les lambrequins comme compliqués et quelque peu désuets. Mais ce dont nous devons nous réjouir avant tout, c'est que les rideaux modernes exigent bien moins de tissu, ce qui nous permet de « craquer » pour un superbe taffetas onéreux ou de changer de rideaux au gré des saisons.

On peut décider d'attirer l'œil vers la fenêtre en utilisant des couleurs vives ou un tissu à motifs et en choisissant pour la pièce des meubles plus neutres, ou au contraire de mettre en valeur des meubles d'époque en confectionnant des rideaux du même style. Si les fenêtres ne sont pas très belles ou offrent une vue peu intéressante, on peut également les reléguer en arrière-plan grâce à des tissus plus neutres présentant une coupe toute simple. Aujourd'hui plus que jamais, des rideaux peuvent être confectionnés dans des matières somptueuses tout en restant très fonctionnels.

à gauche

Ces rideaux très longs aux couleurs chaudes ont un fort impact dans ce loft, où ils servent aussi bien à séparer les pièces qu'à orner les fenêtres.

page suivante gauche

Un simple store bouillonné participe, avec le chandelier d'époque, à une ambiance glamour.

page suivante droite

On a judicieusement cousu sur ce panneau de toile quelques carrés de coton tout simples pour obtenir un ensemble très pictural.

Outre leur rôle essentiel dans l'aspect général d'une pièce, les rideaux constituent des accessoires précieux pour concevoir un espace agréable à vivre. En effet, en jouant sur leur longueur ou leur largeur, il est possible de corriger certaines proportions et de rendre ainsi une pièce plus harmonieuse, de tamiser la lumière ou au contraire de l'inviter à entrer. Les quelques astuces que nous vous livrons ici devraient vous permettre de tirer le meilleur parti de vos fenêtres. Un conseil : prenez le temps de vivre un peu avec vos fenêtres nues avant de leur choisir un habillage de manière à observer comment la lumière tombe et quels défauts architecturaux vous souhaiteriez dissimuler.

corriger les proportions

On a parfois le sentiment qu'une pièce manque d'harmonie ; les couleurs peuvent être très belles, la décoration charmante et le mobilier de qualité, sans que l'ensemble paraisse pour autant satisfaisant. La pièce semble déséquilibrée, asymétrique ou bien l'on ne s'y sent simplement pas... à l'aise. Longtemps, les architectes se sont inspirés de l'architecture classique pour dessiner leurs plans suivant des règles quasi mathématiques. Mais on peut trouver aujourd'hui des vieilles maisons qui ont subi des transformations malheureuses ou bien des logements modernes peu réussis sur un plan architectural. Ne prenez pas la peine de prendre des mesures, mais fiez-vous alors à votre impression visuelle, toujours infaillible : les fenêtres sont peut-être trop étroites par rapport aux murs ou bien trop larges par rapport à la pièce.

page précédente gauche

La hauteur double de ces fenêtres est accentuée par d'immenses rideaux tombant jusqu'au sol et bordés d'un motif à grosses rayures noires et blanches.

page précédente droite

Des panneaux de mousseline de coton, posés individuellement sur les battants d'une porte-fenêtre, cascadent jusqu'au sol et rappellent les fauteuils enveloppés du même tissu.

à droite

On a délibérément suspendu ces rideaux très longs bien haut au-dessus de la fenêtre pour faire paraître la pièce plus haute.

de gauche à droite

Cette croisée de fenêtre basse gagne visuellement de la hauteur avec ce jeté disposé bien au-dessus.

Autre astuce pour gagner de la hauteur : poser une galerie près du plafond.

On peut unifier des fenêtres en ogive de tailles différentes en disposant judicieusement des barres en bois droites et en choisissant pour les rideaux un tissu très sobre.

En choisissant des rideaux appropriés pour vos fenêtres, vous pouvez recentrer l'attention sur la pièce et créer ainsi une véritable atmosphère. Il arrive assez souvent qu'une fenêtre soit trop basse. Si tel est le cas pour la vôtre et si vous accrochez vos rideaux juste au-dessus de celle-ci, vous ne ferez que souligner ce défaut, alors qu'en relevant la tringle bien au-dessus elle paraîtra plus haute. Assurez-vous, si vous posez un bandeau ou un lambrequin, que sa lisière tombe plus bas que le haut de la fenêtre, sinon vous n'aurez fait qu'aggraver le problème ! Si votre fenêtre paraît trop étroite, faites bien dépasser votre tringle ou tout autre support de chaque côté pour que l'encadrement des rideaux devienne plus large que l'embrasure de la fenêtre. Quant aux fenêtres qui paraissent trop larges, le mieux est de les équiper de rideaux ou de stores fabriqués dans un tissu très léger et peu épais. Enfin, plusieurs fenêtres de hauteur différente présenteront un ensemble plus harmonieux si on les traite avec des rideaux de même longueur.

fenêtres « à problèmes »

Il arrive, notamment dans une pièce qui a été transformée de manière peu judicieuse, qu'une fenêtre s'ouvre dans un coin, laissant peu ou pas d'espace du tout pour poser une barre ou une tringle. Il conviendra dans ce cas d'utiliser un store qui détournera l'attention ou bien une tringle comportant des embouts en forme de disques. Je déconseille, en revanche, d'utiliser une tringle comportant un seul embout ou un « demi-bandeau » qui viendrait buter dans le mur, car cela ne ferait que mettre en avant le défaut de la fenêtre.

Les lucarnes dans les combles peuvent poser un problème dû à leur structure. Des tringles pivotantes, qui se rabattront contre le mur lorsqu'on ouvrira les fenêtres, sont alors tout à fait indiquées, mais des stores peuvent également convenir, à condition de les fixer sur leur cadre pour ne pas gêner leur ouverture, si les fenêtres

de gauche à droite

Sur cette fenêtre en saillie, des barres de rideaux anciennes se rejoignent dans l'angle.

Sur cette verrière aménagée dans le toit, on a posé un panneau de toile bleue qui filtre les rayons du soleil.

Dans ce grenier à pans de bois, une fenêtre mansardée est garnie de rideaux retenus grâce à deux tringles, en haut et en bas.

s'ouvrent vers l'intérieur. Les baies vitrées s'accommodent de plusieurs types d'habillages, mais souvent une masse de rideaux tirée sur les côtés occultera un peu trop de lumière. On peut donc prolonger la tringle sur les côtés pour bien repousser le rideau sur le mur ou choisir un tissu moins encombrant ou encore se contenter de stores. Les fenêtres en ogive et les œils-de-bœuf posent encore un problème différent. Ces derniers sont des petites notes architecturales percées en hauteur qui ne nécessitent pas de traitement. Quant aux fenêtres en ogive, on peut les habiller de rideaux à têtes conventionnelles, mais avec une tringle courbée pour suivre leur ligne. Dans ce cas, les têtes de rideaux devront être fixées ensemble de manière permanente, soit retenues par des embrasses, soit drapées à l'italienne là où la courbure s'arrête. Mais on peut également fort bien choisir des tringles ou des barres droites pour accrocher ses rideaux, ou encore des stores que l'on fixera sur le haut du demi-cercle.

filtrer la lumière

Essayez, d'une manière générale, de laisser le plus possible entrer la lumière. Dans certains cas, il est cependant nécessaire de pouvoir la contrôler. C'est là qu'il s'avère judicieux de jouer sur les superpositions, en associant par exemple un rideau léger et translucide à des volets ou des rideaux plus lourds qui pourront être écartés, permettant un contrôle parfait de lumière. Vous pouvez également vous inspirer des systèmes auxquels on a recours dans les régions ensoleillées. Ainsi, on utilise dans le sud de la France des persiennes qui se règlent d'un simple geste pour laisser passer la quantité exacte de lumière souhaitée, jusqu'à l'obtention du noir complet. Pensez également aux stores en rotin, en bambou ou en bois, qui protégeront non seulement de la lumière, mais aussi de la chaleur.

de gauche à droite

Ces croisées de fenêtres qui s'ouvrent vers l'extérieur sont traitées individuellement à l'aide de petits stores bateaux.

Pour dissimuler le cadre de cette fenêtre, on a replié une couverture en laine frangée, cousue en ménageant un fourreau où glisser une tringle extensible.

Certains stores ou rideaux peuvent également occulter complètement la lumière, si l'on recherche par exemple le noir absolu pour dormir ou pour effectuer une tâche requérant une obscurité totale. Des rideaux traditionnels doublés ou comportant une doublure intermédiaire feront dans ce cas sans nul doute l'affaire, mais si vous souhaitez un traitement plus libre il existe de bonnes solutions de rechange. Autrefois, les rideaux doublés étaient forcément épais et procuraient une sensation un peu étouffante, mais cela a bien changé. On en trouve aujourd'hui qui sont légers et faciles à coudre, et qui laissent bien l'air circuler. Dans beaucoup de pays chauds, on utilise des volets extérieurs en bois serré, qu'on laisse fermés toute la journée et que l'on ouvre seulement tôt le matin ou le soir : la fenêtre ne nécessite alors aucun habillage complémentaire. D'autres solutions traditionnelles incluent les stores hollandais, stores roulants en coton tissé très serré et enduit d'huile ou de laque, dont on se sert beaucoup dans les pays scandinaves durant les nuits claires en été. Encore une fois, c'est le nombre de couches appliquées sur une fenêtre qui déterminera le degré d'obscurité final. Ce procédé s'avèrera également utile si vos fenêtres sont anciennes et si vous cherchez à vous protéger des courants d'air et à lutter contre la déperdition de chaleur, ou pour vous isoler du bruit si vous vivez en bordure d'une route passante. Les doublures intermédiaires existent dans divers poids et épaisseurs afin de vous permettre d'obtenir exactement l'effet souhaité.

à droite
Dans la double porte d'un bungalow de plage, la brise soulève des rideaux légers qui filtrent la lumière du soleil et protègent les lieux des regards indiscrets tout en laissant l'air circuler.

de gauche à droite
Un store semi-opaque constitué d'un beau tissu rêche apporte la touche finale à cette salle de bains minimaliste et donne de l'intimité sans bloquer la lumière.

Ces stores à lamelles de bois blanches laissent particulièrement bien passer la lumière.

préserver l'intimité

L'intimité est une notion assez personnelle. Certaines personnes ne trouvent en effet pas du tout gênant que l'on puisse voir ce qui se passe chez elles, alors que d'autres ont absolument besoin de se sentir protégées des regards, surtout à la nuit tombée. Il est fort utile d'aller dehors, le soir venu, jeter un coup d'œil à sa maison pour se rendre compte des endroits où soit l'architecture, soit la végétation font écran, ou bien pour constater que l'on peut tout voir à travers les fenêtres éclairées. Les voilages sont aujourd'hui tombés quelque peu en désuétude, et c'est sans doute une bonne

ci-dessus : Dans un simple dortoir d'un pays au climat chaud, des stores bateau opaques empêchent la lumière du petit jour d'entrer.

chose, car ils finissent souvent au bout de quelques lavages par devenir gris et sans vie. Certaines nouveautés s'avèrent judicieuses, tels ces stores qui se posent sur le bas de la fenêtre et se tirent vers le haut pour recouvrir la moitié inférieure de la vitre ou sa totalité. Les brise-bise, qui se tirent sur le milieu de la fenêtre, sont également intéressants. On peut également travailler la fenêtre en soi. Le verre opaque vous apportera une solution définitive en tamisant la lumière tout en protégeant des regards extérieurs, tout comme le verre gravé, qui existe aujourd'hui avec des motifs de pois ou d'étoiles pour apporter à la fenêtre une note décorative.

cloisonner sans fermer

Les rideaux peuvent aussi aider à définir un espace qui aurait plus d'une fonction : un bureau, par exemple, installé dans une salle à manger ou dans une chambre. Il n'est pas rare, de nos jours, d'avoir une pièce unique comme espace de vie, et cela soulève bien entendu des problèmes en termes d'intimité, de gestion de la lumière et de l'espace, que les rideaux ou d'autres types d'écrans peuvent parfois résoudre. En tendant un rideau en travers d'une pièce, on découpe l'espace d'une manière tout à fait originale. Les lofts sont d'immenses pièces qui comportent bien souvent une grande succession de fenêtres ; des rideaux ou des écrans intérieurs pourront apporter à ces lieux une certaine intimité, tout en contrôlant la lumière, sachant que les systèmes de tringles doubles et de câbles vous permettent de suspendre un rideau pratiquement n'importe où. De même, il convient, avant de s'équiper d'une armoire classique en dur, de se demander si un rangement en tissu tendu, voire un simple rideau suspendu devant un renfoncement, ne suffirait pas. Imaginez qu'un simple geste suffise pour cacher aux regards la montagne de jouets de votre enfant, et qu'à l'inverse il vous suffise de tirer un rideau pour lui en permettre l'accès !

de gauche à droite

Un gros rideau en toile double fait office de porte et permet de laisser l'air circuler.

Ce store à enrouler préserve l'intimité tout en laissant passer la lumière sans cacher la vue.

On peut utiliser des rideaux tombant jusqu'au sol pour bloquer les courants d'air

choisir le tissu

Une fois le style de rideaux choisi, il convient de s'intéresser aux qualités propres des tissus, car ce sont elles qui détermineront le tomber du rideau ainsi que son aspect général. Le coton tissé est de loin le tissu le plus répandu ; on peut le choisir soit dans une couleur unie, soit en imprimé ou encore avec des motifs brodés. Résistant et bon marché, il tombe bien et son entretien est des plus aisés. Si vous recherchez un tissu doux et fluide, très vivant, optez plutôt pour du taffetas, de la soie ou leurs équivalents dans les fibres artificielles. Et sachez que le coton rétrécit au premier lavage, veillez donc à l'acheter prérétréci ou lavez-le avant de confectionner le rideau.

de gauche à droite

Ces portes-fenêtres sont équipées de deux habillages différents pour des usages distincts.

Un écran rigide, sur des tringles pivotantes, protège à la fois du soleil et du vent.

On peut parfois remplacer astucieusement une porte. Ici, l'entrée est isolée par un rideau.

à gauche

La chambre à coucher est séparée par un rideau de tissu moderne très raffiné, qui laisse passer la lumière.

Les soies, satins, taffetas et de nombreuses matières inventées par l'homme peuvent créer des rideaux superbes et sont disponibles dans une large gamme d'unis ou d'imprimés. Les soies naturelles, quant à elles, ont tendance à moisir ou à se dégrader au bout d'un certain temps si elles sont trop exposées au soleil et insuffisamment doublées, et peuvent ainsi revenir cher. Le lin et les mélanges lin/coton sont les tissus les plus résistants. Généralement, les plus onéreux sont mieux finis, tombent superbement et ont un aspect plus doux.

La passementerie fournit souvent une touche finale bien utile, à condition d'y avoir recours avec parcimonie et de manière judicieuse. Un petit galon pourra souligner les bords avant d'une paire de rideaux et améliorer par la même occasion leur tenue. Mais, de manière générale, les passementeries sont surtout utiles lorsqu'on souhaite ajouter une couleur pour parachever l'harmonie d'une pièce, et permettent, de plus, d'apporter une touche personnelle à l'ensemble.

couleurs, motifs et textures

Le motif, la couleur et la texture sont si intimement liés qu'il est difficile de parler de l'un sans évoquer les autres. Sachez qu'en ce qui concerne les motifs, le mieux est de vous en tenir à un imprimé relativement discret et bicolore. Deux couleurs permettent, en effet, déjà de créer une très grande variété de motifs, et il sera plus simple de leur coordonner d'autres tissus ou couleurs. Les motifs rendent particulièrement bien lorsqu'ils sont présentés de manière isolée. Autrement dit, mieux vaut peindre ses murs dans une couleur unie lorsqu'on souhaite poser des rideaux à motifs et inversement poser des rideaux unis si l'on a choisi pour ses murs un papier peint à motifs. La meilleure méthode lorsqu'on débute dans ce domaine consiste à choisir un motif qui nous plaît et à en retenir une couleur dont on se servira abondamment pour tout le reste de la décoration. Le motif sera ainsi isolé et mis en valeur. On pourra également l'associer à un motif simple vichy ou rayé : ainsi, un store en toile de Jouy blanche et bleue se mariera parfaitement avec un tissu à carreaux dans les mêmes couleurs tendu sur les murs. Et puis, n'oublions pas que les motifs peuvent aussi s'obtenir grâce à des effets de tissage, comme sur le tissu damassé : aussi efficace et plus subtil.

Pour ceux que l'excès de motifs et d'impressions rebutent, la texture d'un tissu peut réunir à elle seule l'intérêt et la variété qu'il convient d'apporter à une pièce. Les textiles modernes bénéficient des derniers progrès technologiques et les fibres artificielles peuvent offrir les plus beaux touchers. Les tissus en velours, en maille chenille et mailles épaisses sont merveilleusement doux et durent des années. De plus, nombre de tissus tissés sont réversibles et épargnent bien du travail pour la partie couture : imaginez-vous coudre à la machine en une seule après-midi une paire de rideaux ravissants, sans avoir à les doubler ou à les surdoubler, et qui rendront aussi bien vus d'un côté que de l'autre !

Un autre terrain d'innovation a vu le jour avec les étoffes précieuses et les textiles transparents. Ces tissus sont proposés dans un choix de couleurs et de styles surprenant, certains présentant des poches dont on peut se servir comme présentoirs pour des petits objets tels que des fleurs séchées, d'autres tissés avec du fil métallique.

Le sujet de la couleur est bien vaste et la responsabilité qu'entraîne son choix en intimidera beaucoup. J'ai tendance à adopter à ce sujet une attitude toute simple consistant à dire qu'il ne faut utiliser que les couleurs qu'on aime. Rappelez-vous que l'important n'est pas * la couleur qu'on utilise, mais la manière et dont on la met en scène. Une pièce entièrement peinte en bleu marine pourra être oppressante, mais, si on y ajoute des rideaux blancs bordés de bleu marine et du mobilier blanc, on obtiendra un lieu à la fois sophistiqué et plein de fraîcheur. J'adore le rouge, mais c'est une couleur difficile. Usez-en modérément et mêlez-le à une autre couleur plus présente, telle que le blanc : cela le mettra en valeur sans qu'il devienne dominant.

Les palettes de couleurs illustrées sur cette page s'inspirent directement des projets présentés dans la deuxième partie de ce livre. Une même couleur peut rendre très différemment selon les tons avec lesquels elle est associée. Par exemple, les rideaux à bordure festonnée rayés blanc et rouge de la p. 136 comportent le même rouge que le panneau à onglets p. 54, ce qui les différencie étant la couleur ou le motif environnants. Le bleu-vert des doubles-rideaux p. 58 est le même que celui des rideaux à cantonnière intégrée p. 110. Mais voyez comme l'effet varie selon les couleurs avec lesquelles on l'associe. Le fait d'être conscient de ces possibilités devrait vous aider à découvrir votre palette et à vous en servir.

basiques

voir pages
46
66
78
94
96
104

mer & sable

voir pages
58
70
110
132

verts

voir pages
122
152
156

tricolore

voir pages
54
62
74
136
140
144
148
158

lilas

voir pages
100
162
164

dorés

voir pages
50
82
118

pages suivantes

Les pages suivantes montrent combien il est facile d'utiliser des tissus à motifs : jeux de bichromie, variété des matières et des modes de tissage, mélange de tissus bruts et de broderies.

imprimés

textures

voilages

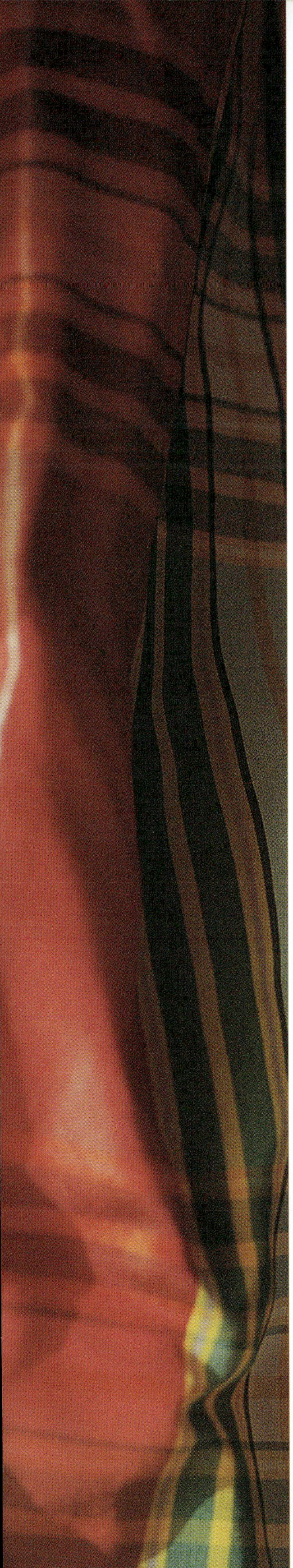

chapitre 2
idées de rideaux

Voici à présent des exemples concrets, des idées et des détails de confection par lesquels il faut malheureusement bien passer ! Cette partie passe en revue une gamme variée d'habillages de fenêtres, allant du simple store à enrouleur en kit à des rideaux plus complexes, qui vous initieront à l'art de la doublure et de la contre-doublure, toujours accompagnés, bien sûr, d'explications détaillées ainsi que des techniques de couture à utiliser. Vous pouvez suivre les instructions fournies à la lettre, vous inspirer de ces exemples pour les adapter à vos propres goûts et besoins ou simplement les montrer à un fabricant de rideaux pour lui indiquer quel genre de rideaux vous recherchez.

style contemporain

Les intérieurs d'aujourd'hui ont un aspect plus dépouillé, non seulement parce qu'ils sont plus ordonnés, mais aussi grâce aux nouveaux matériaux et designs en matière de mobilier. Les grands espaces ouverts emplis de lumière avec quelques meubles judicieusement placés créent une ambiance sereine qui incarne le style moderne. Grâce au grand choix qu'on trouve sur le marché en matière de rideaux et d'accessoires, le look minimaliste s'obtient plus facilement que jamais, que ce soit avec des kits pour monter câbles ou œillets ou avec des systèmes à doubles tringles en chrome anodisé. Beaucoup de ces nouveaux systèmes ont remplacé les cantonnières et lambrequins traditionnels, qui donnent aux fenêtres un aspect plus chargé. Appliquer à ses fenêtres un traitement minimaliste implique généralement qu'on utilisera moins de tissu, ce qui présentera l'avantage de pouvoir choisir un tissu hors de prix, par exemple l'organdi, qu'on ne se serait pas offert autrement. En résumé, ce chapitre vous conseille d'utiliser des lignes pures et des formes simples… en conservant malgré tout un peu de fantaisie !

Opaques ou translucides, froissés ou tendus, voire en lambeaux pour les plus audacieux, ces rideaux très modernes ajoutent aux pièces une véritable présence. Non seulement ils habillent les fenêtres, mais ils peuvent aussi servir à délimiter des espaces au sein d'une même pièce ou à cacher une étagère.

store bateau

Pour ce store bateau non doublé, un tissu en lin à la trame un peu lâche convient parfaitement, car il prend bien les plis, fait preuve d'une excellente tenue et tamise agréablement la lumière. Il est ici bordé d'une lisière en feutre gris perle, qui suit l'encadrement de la fenêtre et apporte un peu de poids au store.

Un store bateau très graphique

Ce store non doublé constitue un bon choix d'habillage si l'on souhaite laisser entrer la lumière tout en ménageant une certaine intimité, sans vouloir s'encombrer de rideaux tombant jusqu'au sol. Pour être sûr de réussir son store, il faut compter un espace suffisant entre chaque pli du store (entre 35 et 50 cm) et choisir pour les fourreaux des raidisseurs très fins, car ils ne sont là que pour empêcher le tissu de s'affaisser et non pas pour le soutenir. Le modèle présenté mesure 90 cm de large et 180 cm de haut, et il est encadré par une bande de feutre de 10 cm de large.

Commencez par adapter ces mesures à la taille de la fenêtre, puis déterminez le nombre de plis de votre store en divisant sa longueur par une valeur d'environ 40 cm.

1 Pour la bordure, préparez deux longues bandes de feutre de 12 cm de large, en comptant pour leur longueur celle du store plus 2 cm pour l'ourlet et quelques centimètres pour les plis et la confection des fourreaux. Ces derniers requerront plus ou moins de tissu selon la taille des raidisseurs : prévoyez 2 cm pour des raidisseurs de 0,5 cm et le double pour des raidisseurs de 1 cm. Découpez ensuite deux bandes de feutre plus courtes mais de même largeur pour le haut et le bas du store, mesurant en longueur la largeur du store plus 2 cm pour l'ourlet.

2 Repassez un ourlet de 1 cm sur chaque côté des quatre bandes, puis cousez-les au point de chausson.

3 Posez une longue bande envers vers vous sur une surface plane et rabattez l'angle supérieur droit suivant un angle de 45 degrés de manière à ce qu'il rejoigne le bord opposé. Repassez, puis rouvrez. Procédez de même avec l'angle supérieur gauche d'une des bandes courtes. À l'aide d'une craie de tailleur et d'une règle, marquez sur l'envers de chaque bande l'emplacement des pliures.

4 Épinglez les deux angles marqués à la craie endroit contre endroit en les faisant parfaitement coïncider. Faufilez les lignes tracées à la craie, puis piquez à la machine en faisant quelques points arrière aux deux extrémités pour bloquer la couture. Coupez l'excédent de tissu en laissant juste un demi-centimètre, ouvrez la couture au fer avant d'en coudre les bords au point de chausson.

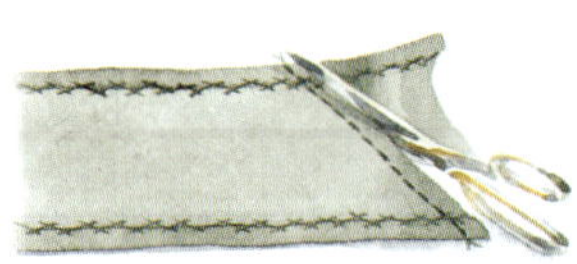

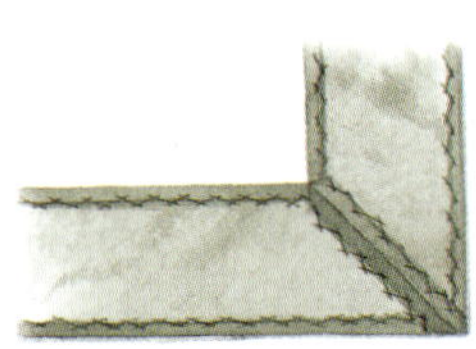

Procédez de même avec les deux autres bandes pour finir par toutes les joindre pour constituer un cadre.

5 Découpez une pièce de lin aux mesures du cadre en ajoutant 1 cm tout autour. Confectionnez sur les quatre côtés un petit ourlet double en pliant une bande de 1,5 cm, en la repassant et en la rouvrant pour n'en replier qu'un demi-centimètre. Si le lin a une bonne tenue, il ne devrait pas être nécessaire de faire des coins en onglets, mais si ceux-ci

vous paraissent trop épais rouvrez les deux plis et coupez l'extrémité du coin. Rabattez ensuite celui-ci de manière à aligner les quatre plis, donnez un petit coup de fer puis reformez l'ourlet double. Épinglez, faufilez et cousez les quatre côtés à la machine.

6 Posez la pièce en lin sur le cadre en feutre, envers vers vous, en ménageant une réserve d'un demi-centimètre sur tous les côtés. Épinglez et faufilez pour la maintenir en place, puis cousez-la à la main à point glissé sur tout son pourtour (voir p. 183).

Retournez l'ouvrage pour coudre au point glissé le bord intérieur du cadre à la pièce en lin.

7 Pour les fourreaux, divisez la longueur du store par le nombre de plis nécessaires. Posez le store à plat, envers vers vous, et marquez sur les bords latéraux l'emplacement de chaque glissière avec une épingle. Relevez toutes vos mesures à partir des coins supérieurs pour obtenir des lignes bien droites. Formez le premier pli en partant du haut vers l'endroit du store et repassez-le. Bâtissez à 1 ou 2 cm du pli (suivant la largeur de vos raidisseurs : voir étape 1), puis piquez à la machine le premier fourreau. Remettez l'ensemble à plat et répétez l'opération pour chaque fourreau avant d'y insérer les raidisseurs.

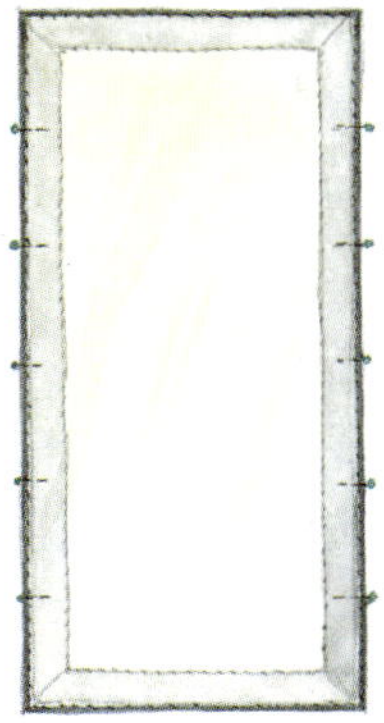

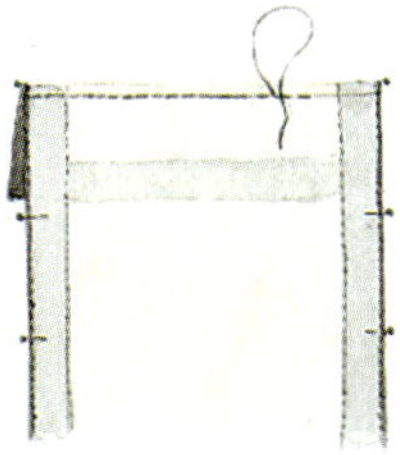

8 Cousez deux anneaux au dos de chaque glissière, un de chaque côté et contre l'intérieur du cadre en feutre.

9 À l'aide de l'agrafeuse, garnissez de feutre le tasseau de bois en soignant bien les coins.

10 Séparez les deux parties de la bande velcro et cousez à la main le côté à barbules au dos du store, à un demi-centimètre de son bord supérieur.

11 Agrafez la bande velcro sans barbules sur l'avant du tasseau. Pour mettre en place le store et les cordelettes, référez-vous aux instructions p. 179.

tissu & matériel

Lin tissé pour le panneau central
Feutre pour les bordures et le tasseau
Bande velcro mesurant la largeur du store
Raidisseurs très fins mesurant la largeur du store : un pour chaque pli
Tasseau de bois de 5 cm x 2,5 cm, mesurant la largeur du store
Deux pitons à visser
Petits anneaux à coudre en laiton ou en plastique, deux pour chaque pli
Cordelette et enrouleur
Taquet avec vis de fixation
Agrafeuse
Règle
Nécessaire à couture

panneaux montés sur câble

Les œillets métalliques associés à un câble constituent une méthode moderne fort pratique pour suspendre des rideaux légers. Ici, les pans de tissu alternent un superbe lin tissé et une toile parachute très légère découpés en bandes, entre lesquelles on a cousu des bandelettes brodées de jours.
Les œillets permettent aux rideaux de bien glisser sur le câble, et lorsqu'en été on ouvre les fenêtres la brise les emporte dans un très joli mouvement.

panneaux montés sur câble

Les kits d'œillets se trouvent dans la plupart des merceries et se révèlent, avec un peu d'entraînement, assez faciles à utiliser. Faites toujours un essai sur un échantillon de tissu avant de travailler sur le rideau final, et sachez que si vous ne souhaitez pas poser vous-même vos œillets certains prestataires proposent de le faire pour vous. Le lin et la toile parachute ont été disposés de telle manière que le premier tissu, plus transparent, soit à hauteur d'yeux pour des adultes ou des enfants et qu'une des bandes rayées coïncide avec la croisée des fenêtres. Il convient donc de déterminer la largeur des lés de tissu par rapport à l'architecture de ses fenêtres, le ruban ajouré apportant une touche soignée à l'ensemble tout en camouflant astucieusement les coutures.

1 Découpez toutes les bandes de tissu nécessaires à la confection d'un rideau, exceptées celles du haut et du bas, en comptant 4 cm de plus que la taille requise pour leur largeur aussi bien que pour leur longueur. Coupez des rubans mesurant la même largeur.

2 L'envers de la première bande tourné vers le haut, repassez un rabat de 1 cm sur les bords supérieur et inférieur. Pliez une deuxième fois pour faire un ourlet double et repassez. Posez sur le bord inférieur le bord d'un ruban, envers vers le haut. Épinglez, faufilez et cousez à la machine près de la bordure extérieure. Procédez de même pour les autres bandes de tissu en les assemblant au fur et à mesure.

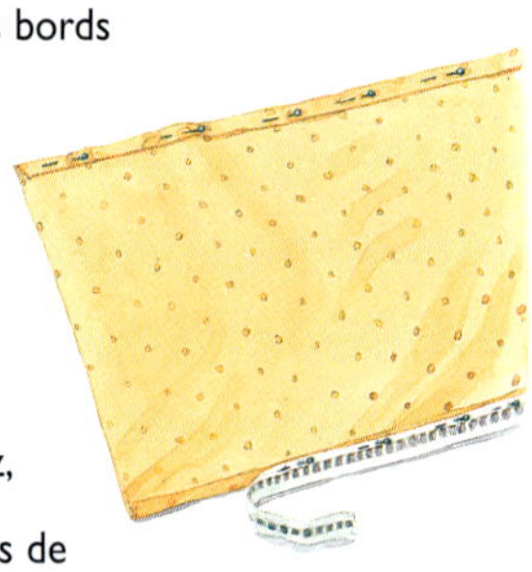

3 Pour confectionner la bande supérieure, découpez une pièce de tissu 4 cm plus large et 15 cm plus longue que la taille requise. Coupez une bande d'entoilage de la largeur du rideau fini.

Repassez un rabat de 7,5 cm sur le bord supérieur du tissu, rouvrez-le et déposez l'entoilage dans la pliure en le centrant bien. Rabattez les coins supérieurs suivant un angle de 45 degrés, repassez-les puis repliez le bord de tissu non fini. Pliez une deuxième fois pour emprisonner l'entoilage, épinglez, faufilez et cousez à la machine près du bord intérieur.

4 Marquez au dos du tissu les emplacements des œillets à plus de 1 cm des bordures supérieure et latérales. Posez les œillets en suivant les instructions du kit.

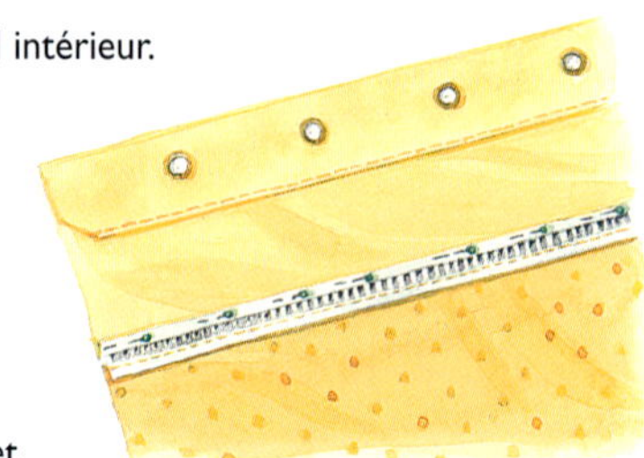

5 Assemblez la bande supérieure au reste du rideau en suivant l'étape 2.

6 Pour la bande inférieure, coupez une pièce de tissu 4 cm plus large et 16 cm plus haute que la taille requise. L'envers du tissu vers vous, assemblez son bord supérieur au bord inférieur du panneau en suivant l'étape 2. Repassez un rabat de 16 cm sur la lisière,

rouvrez-le et faites un pli de 8 cm de large pour rencontrer la première pliure avant d'en faire un second pour former un ourlet double. Repassez, épinglez et cousez au point de chausson (voir p. 183).

7 L'envers du rideau vers vous, repliez deux fois les bords verticaux sur 1 cm pour former un ourlet double. Faites les coins en onglets si cela est nécessaire. Repassez, épinglez et cousez au point coulé (voir p. 183).

8 Installez le câble en suivant les instructions fournies. Enfilez-y les œillets et donnez au tout une tension suffisante.

Procédez de même pour les autres panneaux.

tissu & matériel

Tissu en lin non mélangé

Toile parachute

Ruban ajouré

Entoilage fort de 7,5 cm de large

Kit à œillets

Kit pour câble

Nécessaire à couture

panneau à onglets

Les panneaux de tissu de ce type, tendus sur les fenêtres, sont très actuels, remplaçant avantageusement des rideaux, qui ne seront jamais aussi sobres et légers. On a choisi ici de border un coton à la trame lourde mais lâche d'une bande colorée aux coins cousus en onglet. Le panneau est fixé sur une tringle extensible insérée dans un fourreau ménagé au dos.

panneau à onglets

Les tringles extensibles, suffisantes pour maintenir tendu un rideau léger, se posent particulièrement vite. Pour ce panneau, la plus grande difficulté réside dans le fait qu'il faut parvenir à maintenir les lignes des bordures bien droites. Si votre fenêtre n'est pas parfaitement rectangulaire, mieux vaudra sans doute choisir un tissu de couleur unie. Assurez-vous également de confectionner un fourreau suffisamment large pour la tringle.

1 Coupez pour les bordures verticales quatre longues bandes de tissu rayé 2,5 cm plus longues et plus larges que nécessaire. Pour les bordures horizontales, coupez quatre bandes plus courtes, de même largeur et 2,5 cm plus longues que la largeur de la fenêtre (sur ce modèle, les bandes font 20 cm de large). Assurez-vous que les rayures des quatre bandes coïncident bien.

2 Disposez une bande verticale endroit vers vous et posez dessus une bande horizontale, envers vers vous, en superposant leurs angles sur un côté. En partant du coin supérieur, tracez une ligne à 45 degrés. Épinglez et faufilez les deux bandes ensemble le long de cette ligne en vous arrêtant à 1,5 cm du bord inférieur. Rouvrez pour vérifier que le coin est bien carré, puis cousez-le à la machine. Coupez le triangle de tissu externe et ouvrez la couture au fer.

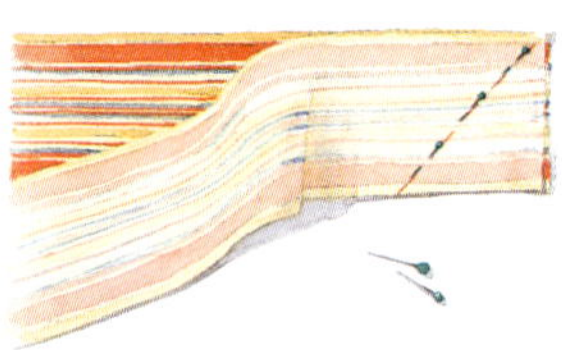

Ajoutez une nouvelle bande verticale puis une bande horizontale et fabriquez un deuxième cadre avec les quatre bandes restantes.

3 Pour confectionner le fourreau, coupez une bande de tissu rayé mesurant la largeur du panneau en comptant pour sa largeur la circonférence de la tringle plus 5 cm. Vérifiez que les rayures courent bien dans le sens de la longueur, sachant que vous pouvez aussi opter pour un tissu uni. Repassez aux deux extrémités un ourlet de 1 cm et cousez-les à la machine. Pliez ensuite la bande de tissu en deux dans le sens de la longueur, endroit contre endroit. Faufilez et cousez à la machine sur la longueur, à 1,5 cm du bord. À l'aide d'une aiguille à tricoter, retournez le fourreau à l'endroit et écrasez la couture au fer.

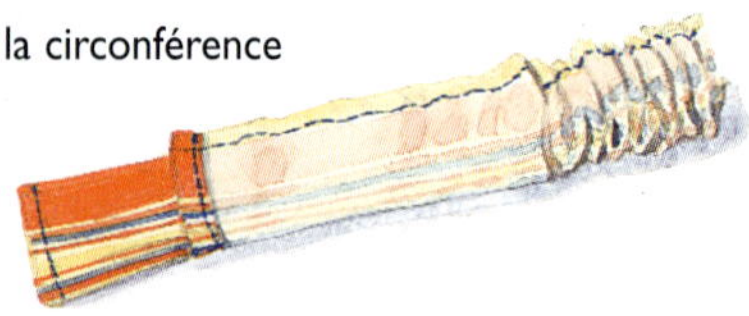

4 Posez sur une surface plane l'un des cadres à onglets, endroit vers vous. Épinglez le haut du fourreau à un demi-centimètre du bord supérieur, puis faufilez et cousez à la machine. Faufilez et cousez à la machine le bas du fourreau.

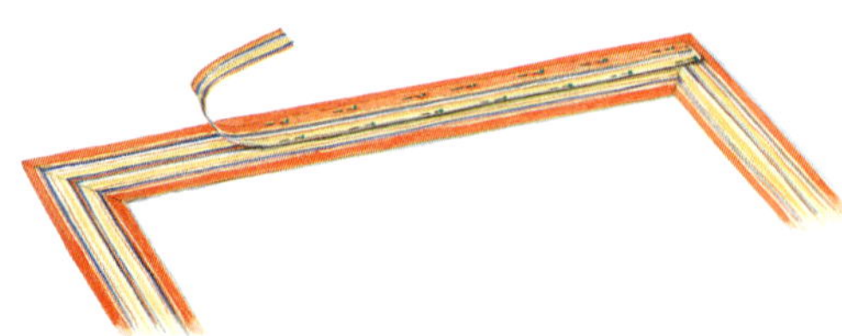

5 Superposez les deux cadres endroit contre endroit. Épinglez, faufilez et piquez à la machine à 1 cm du bord externe. Coupez les coins et le tissu en excès. Repassez sur l'envers un ourlet de 1,5 cm le long de chaque bord interne des deux cadres. Retournez le cadre à l'endroit et repassez.

6 Découpez une pièce du tissu à trame lâche de la taille de l'intérieur du cadre plus 2 cm sur tout son pourtour. Centrez le panneau à l'intérieur du cadre, épinglez, faufilez et cousez à la machine aussi près que possible des bords internes du cadre.

7 Insérez la tringle extensible dans le fourreau et suspendez le panneau devant votre fenêtre.

tissu & matériel

Tissu rayé pour le cadre
Tissu à trame lâche pour le panneau central
Tringle extensible
Règle
Aiguille à tricoter
Nécessaire à couture

doubles-rideaux

Avec ces deux grandes portes-fenêtres s'ouvrant directement sur la plage, il fallait des rideaux qui protègent des regards tout en apportant de la fraîcheur l'été et une bonne isolation l'hiver. La tringle double qui a été choisie, constituée d'une part d'un câble fin auquel est suspendu un premier rideau en lin, d'autre part d'une tringle en acier plus solide soutenant des rideaux doublés, permet de satisfaire ces exigences.

Il existe de nos jours divers systèmes de tringle double, mais celui-ci est à la fois simple, élégant et solide. Le câble est associé à de petites attaches, tandis que la barre frontale comporte des crochets en acier, avec le choix entre deux longueurs. Les rideaux imprimés sont doublés et bordés d'un large ruban de gros-grain ; quant à la tête de rideau, elle est obtenue en ménageant deux petits fourreaux distants d'environ 10 cm : on y glisse une ganse sur laquelle on tire pour les froncer. Les agrafes métalliques sont cousues à la main au dos du rideau. Deux liens ont été cousus au-dessus de chaque agrafe, davantage pour décorer que pour un usage pratique, mais vous pouvez très bien les utiliser à la place des agrafes.

1 Pour le rideau intérieur, coupez un lé et demi du tissu brut en ajoutant 7,5 cm à la longueur requise. Assemblez les lés à l'aide d'une couture anglaise (voir p. 102, étape 1). Repassez, faufilez et cousez à la machine un ourlet double de 2,5 cm sur trois des côtés avant de fixer un étroit ruban fronceur en suivant les instructions fournies p. 182.

doubles-rideaux

2 Pour le rideau externe doublé, coupez deux lés de tissu en ajoutant 31cm à la longueur requise, sans oublier d'en prévoir suffisamment pour les raccords de motifs (voir p. 179). Coupez deux lés du tissu de doublure 4 cm plus longs que la longueur requise, ainsi qu'une ganse mesurant au moins deux fois la largeur du rideau.

3 Épinglez les deux lés endroit contre endroit, faufilez, cousez à la machine à 1,5 cm et ouvrez la couture au fer. Crantez les réserves.

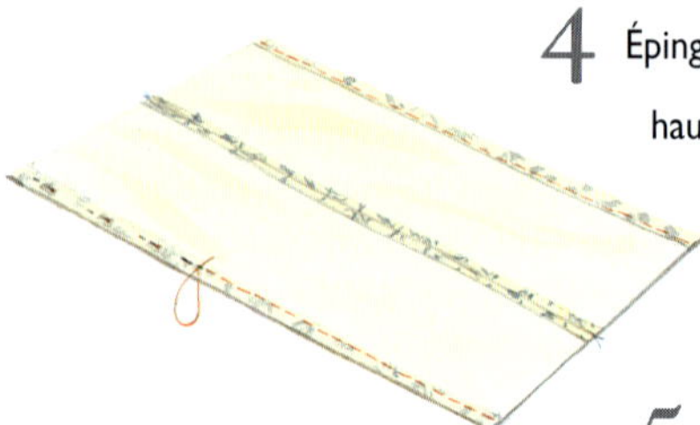

4 Épinglez des rabats de 6 cm sur les hauteurs, faufilez et cousez au point coulé (voir p. 183) sur l'envers du tissu. Repassez.

5 Faites un rabat de 11 cm sur le haut du rideau, repassez et rouvrez. Faites un rabat de 20 cm sur le bas du rideau. Repassez, rouvrez et repliez le bord non fini contre la pliure. Repassez et rouvrez.

6 Coupez une bande du ruban de gros-grain de la longueur du rideau fini plus 15 cm. L'endroit du rideau face à vous, épinglez le ruban sur son bord avant en partant à 6 cm du haut et en vous arrêtant à 10 cm du bas. Faufilez et cousez à la machine les deux bords du ruban. Repliez le bas sur l'envers du rideau pour former un ourlet double de 10 cm, et cousez-le au point de chausson (voir p. 183). Cousez à la main les deux extrémités.

7 Coupez une bande de ruban de gros-grain 3 cm plus longue que la largeur du rideau fini. Épinglez et faufilez sur le bas du rideau en le repliant à 45° aux extrémités pour faire des coins en onglet quand il rencontre les rubans verticaux. Cousez à la machine avant de couper le ruban en excès.

8 Surfilez les bords supérieurs des lés de doublure. Assemblez-les endroit contre endroit, comme les rideaux ; ils doivent être devenus de la même largeur que ceux-ci. Rectifiez leur taille si cela est nécessaire et surfilez les bords.

9 Repassez un rabat de 12 cm. Rouvrez-le et repassez un pli de 6 cm. Pliez une deuxième fois, épinglez, faufilez et cousez l'ourlet à la machine sur son bord supérieur. Faites un rabat de 3 cm sur les bords de la doublure. Épinglez, faufilez et cousez au point coulé.

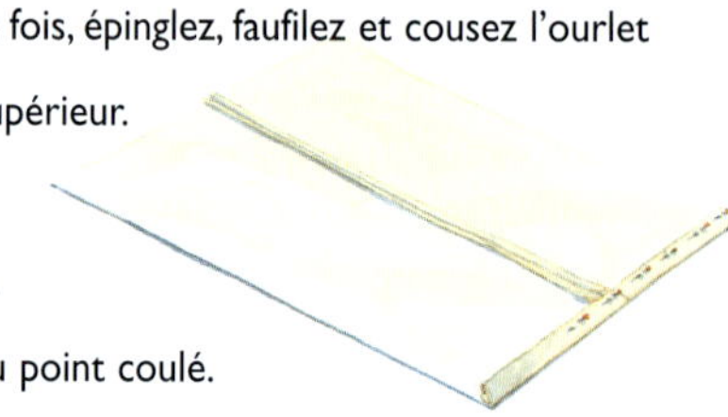

10 Déposez la doublure, endroit vers vous, sur l'envers du rideau. Elle doit normalement reposer à 3 cm des bords sur chaque côté, tandis que les hauteurs doivent être alignées. L'ourlet de la doublure doit être 3 cm plus haut que celui du tissu. Épinglez, faufilez et cousez au point coulé la doublure au rideau sur les deux hauteurs.

11 Repassez un rabat de 2 cm sur le haut du rideau et faites un deuxième rentré de 9 cm en vous servant de la pliure obtenue lors de l'étape 5 comme repère. Repassez en emprisonnant le haut de la doublure.

12 Faufilez le ruban sur le haut du rabat et sur l'envers pour que 1 cm dépasse sur l'endroit, et cousez à la machine à un demi-centimètre du bord supérieur en emprisonnant les bouts du ruban.

13 Déposez la ganse sous cette couture en la faisant aller d'un côté à l'autre du rideau, entre les deux épaisseurs de tissu. Épinglez et faufilez-la. Effectuez à la machine une deuxième couture pour créer une coulisse de 1 cm qui emprisonne la ganse. Confectionnez une deuxième coulisse de la même façon, 6 cm sous la première. Les coutures maintiendront en place le rabat, l'ourlet et la doublure.

14 Fixez une extrémité des ganses à l'aide de solides points arrière et tirez sur l'autre jusqu'à obtenir la largeur désirée. Assurez alors l'autre extrémité de la même manière avant d'arranger harmonieusement les fronces.

15 Sur l'envers du rideau, en partant à 2 cm du bord, définissez les emplacements de neuf agrafes en cuivre de manière à ce qu'elles soient régulièrement espacées, puis cousez-les. Le haut des agrafes devrait se trouver au même niveau que la couture la plus haute.

16 Coupez pour les lanières neuf brins de 90 cm de la ganse la plus épaisse. Coupez en biais neuf pièces de tissu de 3 cm x 90 cm. Piquez les longueurs l'une sur l'autre, endroit contre endroit. À l'aide d'une aiguille à tricoter, retournez les côtés endroit vers l'extérieur.

17 À l'aide de l'épingle à nourrice, glissez la ganse dans chaque lanière. Nouez les extrémités. Coupez l'excédent après les nœuds pour un fini parfait. Cousez les liens au centre de leur longueur au-dessus du haut de chaque agrafe.

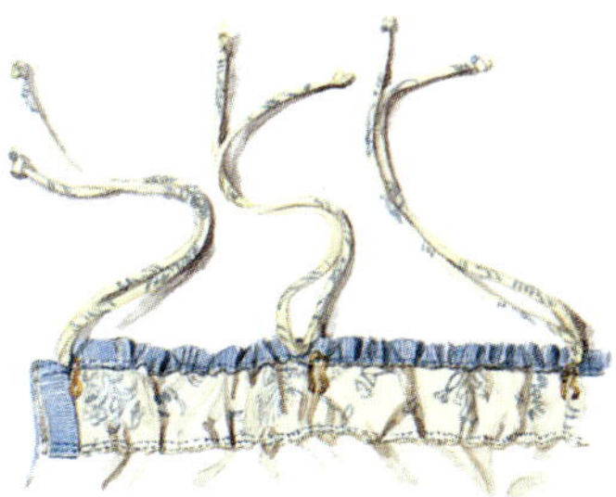

Répétez les mêmes opérations pour l'autre rideau en veillant à la symétrie des motifs et à la position du ruban.

tissu & matériel

Tissu en lin pour les rideaux externes
Tissu de doublure
Tissu léger pour les rideaux internes
Ruban de gros-grain
Ganse de taille moyenne
Ganse plus large pour les liens
Agrafes à rideau en cuivre
Tringle double
Ruban fronceur transparent
Aiguille à tricoter
Épingle à nourrice
Règle
Nécessaire à couture

cantonnière cousue en application

On souhaite souvent camoufler la tête des rideaux. Longtemps, on s'est principalement servi pour ce faire de galeries en bois assez complexes sur lesquelles on apposait un bandeau rigide. Dans un intérieur moderne, cette méthode frappe par son aspect peu pratique et surtout compliqué, sans compter qu'elle présente l'inconvénient de trop arrêter la lumière. Ces fenêtres offrant une superbe vue sur une rivière exigeaient un traitement minime, mais la tête des rideaux et leurs tringles devaient malgré tout être dissimulées. On a donc opté pour une cantonnière étroite et souple, avec une vague de couleur contrastée cousue en application.

cantonnière cousue en application

Ces rideaux ont été confectionnés avec un tissu de 3 mètres de large, aussi n'a-t-il pas été nécessaire d'assembler des lés, et il restait même assez de tissu pour faire la cantonnière. Si vous ne trouvez pas un tissu aussi large, assemblez des lés pour obtenir la dimension voulue. Référez-vous p. 58 aux explications « Comment confectionner un rideau non doublé ». La cantonnière tient grâce à des fixations qui se clipent sur l'avant de la tringle à rideaux. Elle est doublée d'un épais molleton permettant d'obtenir un traitement plus doux sur cette baie vitrée particulièrement longue.

1 Coupez pour la cantonnière une pièce du tissu à rideaux mesurant 4 cm de plus que la longueur requise et en comptant pour la largeur deux fois celle désirée plus 6 cm. Pliez-la en deux dans le sens de la longueur, envers contre envers, et repassez. Rouvrez et repliez le haut sur 3 cm, envers contre envers. Repassez, puis rouvrez.

2 Faites un gabarit en dessinant une bande ondulée aux vagues peu prononcées, un peu plus étroite que la cantonnière finie.

3 Découpez une bande du tissu de contraste en ajoutant 4 cm à la longueur requise et d'au moins 4 cm plus large que la partie la plus large du gabarit. L'envers du tissu face à vous, épinglez le gabarit en papier sur un bout du tissu et reportez-en le contour à l'aide d'une craie. Retirez l'échantillon et déplacez-le le long de la bande de tissu, jusqu'à ce que vous l'ayez parcourue entièrement. Découpez alors le tissu en suivant les contours tracés, mais en laissant une marge de 1 cm au-dessus et en dessous de ceux-ci.

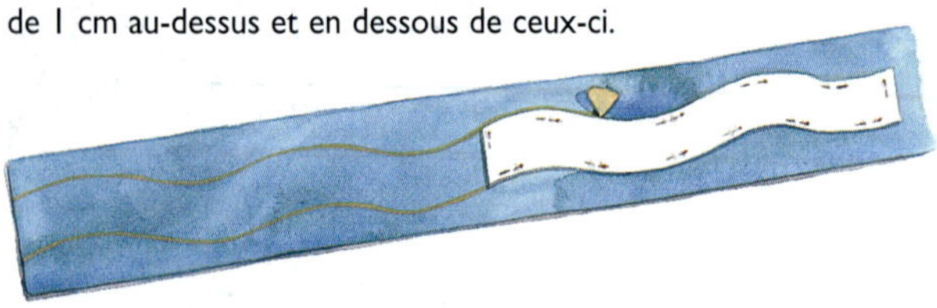

4 L'endroit de la bande ondulée face à vous, passez un faufil sur les lignes tracées à la craie. Entaillez les rentrés tous les 5 cm environ, en allant presque jusqu'à la ligne. Repliez les rentrés et faufilez avant de déposer dessus la bande de tissu rouverte de l'étape 1. Centrez la bande ondulée entre les deux pliures, en ménageant 3 cm pour l'ourlet sur le haut. Épinglez, faufilez et cousez à la machine.

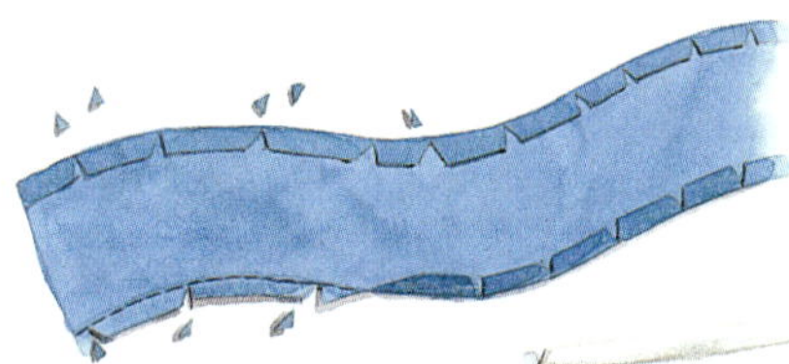

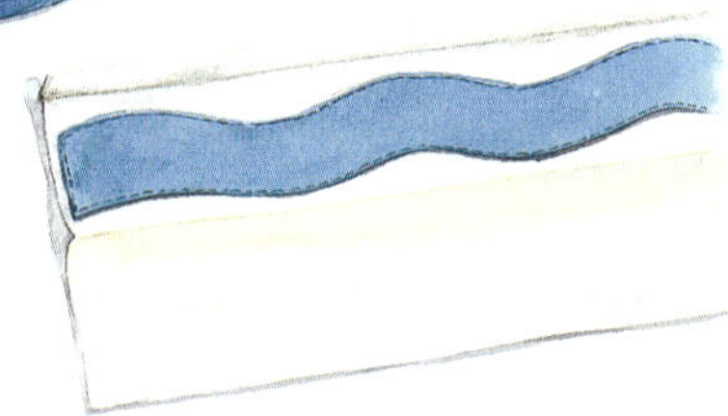

5 Coupez une bande dans la doublure de la même largeur que la cantonnière finie, mais 3 cm plus longue. Posez envers vers vous la bande de tissu comportant l'application sur une surface plane, et déposez la doublure le long de la pliure centrale, centrée sur les deux côtés. Baguez la doublure sur la pliure (voir p. 184).

6 Rabattez les bords sur 2 cm, repassez puis rouvrez. Repliez-les encore en deux avant de repasser et de reconstituer les plis pour former un ourlet double. Cousez à la main en n'attrapant que quelques fils.

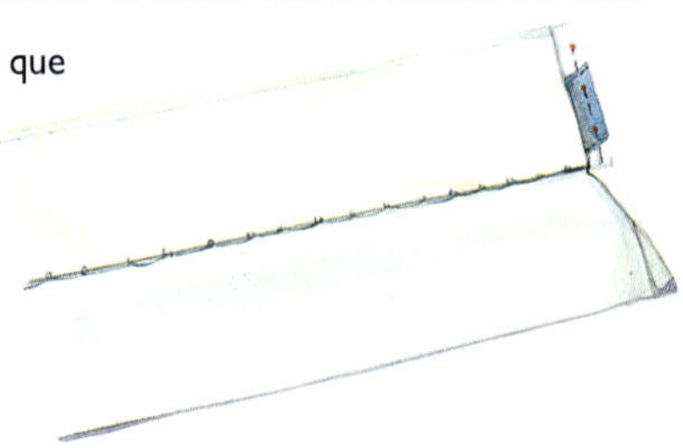

7 Repliez le tissu sur la doublure. Épinglez, faufilez une ligne à 3 cm du bord supérieur et retournez le tissu. Coupez une longueur de bande velcro de la longueur requise et épinglez le côté à boucles sur la ligne faufilée. Faufilez et cousez à la machine, seulement sur cette ligne. Retirez alors tout le faufilage, retournez de nouveau le tissu et coupez le tissu et la doublure qui dépassent sous la bande velcro.

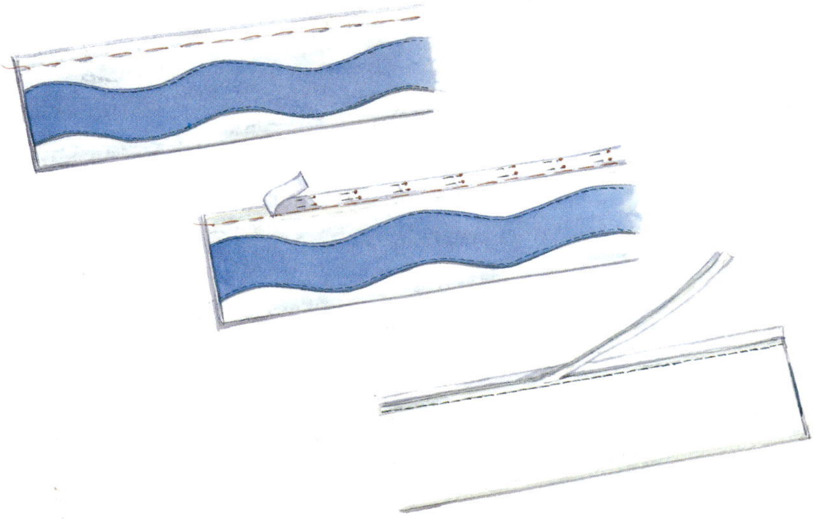

8 L'envers de la cantonnière face à vous, rabattez la bande velcro et cousez-la à la main uniquement sur l'épaisseur de tissu qui se trouve au dos. Fixez le côté à barbules de la bande velcro sur la tringle et appliquez-y la cantonnière.

tissu & matériel

Tissu pour rideaux, en quantité suffisante pour qu'il en reste pour la cantonnière

Tissu de couleur contrastée pour l'appliqué

Papier pour le gabarit

Tissu de doublure épais

Bande velcro adhésive de 20 mm de large, aussi longue que la cantonnière

Nécessaire à couture

store suédois

Ces stores sont très souvent utilisés en Suède à la place de rideaux. C'est une manière de rendre hommage à l'invention du double vitrage et à une excellente isolation ! On obtient ainsi un habillement de fenêtre minimal, qui fonctionne particulièrement bien avec un lin tissé assez lourd et réversible offrant un beau tomber. On utilise des anneaux spéciaux en plastique qui permettent aux cordelettes de bien coulisser.

store suédois

À la fois facile à confectionner et à utiliser, ce store est fixé sur un liteau en bois à l'aide d'une bande velcro, lequel est vissé soit au plafond, soit sur le haut de la fenêtre. On a utilisé ici une double épaisseur de lin, qu'on a assemblée comme un sac, pour obtenir une meilleure isolation.

1 Coupez deux pièces de lin en ajoutant 15 cm à la longueur requise et 4 cm à la largeur du store fini. Déposez-les sur une surface plane, endroit vers vous. Épinglez ensemble leurs deux hauteurs et le bord inférieur, puis faufilez et cousez à la machine à 2 cm du bord. Coupez les coins et retirez le tissu en excès, puis surfilez ou piquez les bords de coupe au point zigzag. Retournez l'ouvrage pour le remettre à l'endroit et repassez.

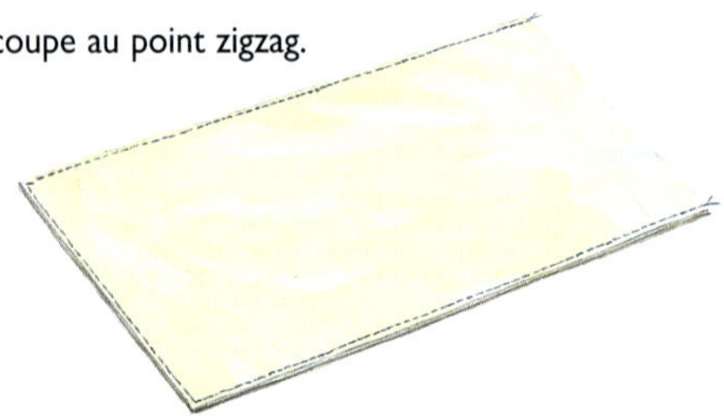

2 Déposez le store sur une surface plane. Repassez un rabat de 2 cm sur le bord supérieur et faufilez-le. Épinglez le côté à boucles de la bande velcro au store de manière à ce qu'il recouvre les bords non finis. Faufilez et cousez à la machine.

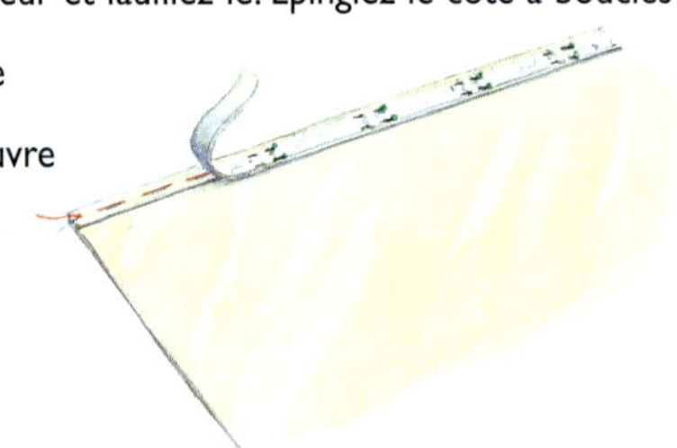

3 Agrafez le bas du store sur la baguette en bois.

4 À l'aide de l'agrafeuse, tapissez de lin le liteau de bois en soignant bien les coins. Agrafez le côté à barbules de la bande velcro sur l'avant du liteau.

5 Pour créer les attaches des anneaux, coupez deux morceaux de lin de 10 x 30 cm. Pliez-les en deux dans le sens de la longueur, endroit contre endroit. Épinglez-les ensemble les longueurs, faufilez et cousez à la machine à un demi-centimètre. Retournez à l'endroit et repassez. Pliez en deux, passez une attache dans chaque anneau en plastique et agrafez leurs bords non finis sur l'arrière du liteau.

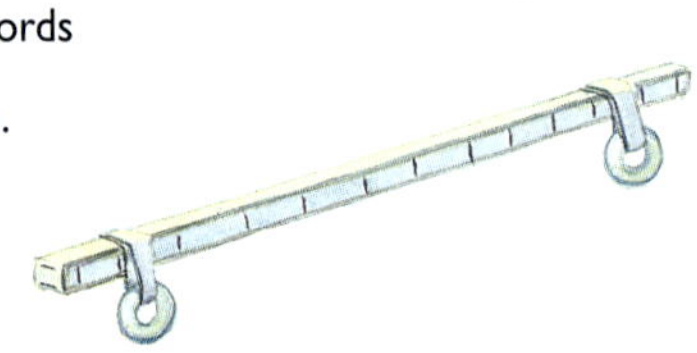

6 Coupez deux cordelettes mesurant chacune quatre fois la longueur du store. Faites un nœud à l'une de leurs extrémités, et agrafez-les sur les bords non finis des attaches.

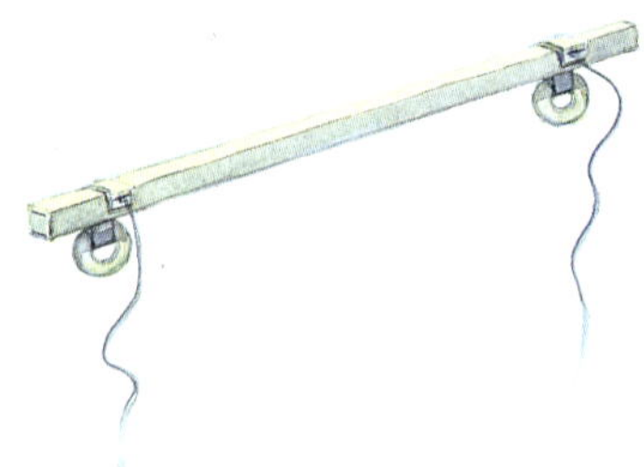

7 À l'aide d'un poinçon, percez deux trous sur l'avant du liteau en transperçant aussi le velcro pour qu'il ne se déforme pas. Servez-vous de la perceuse pour percer le bois et vissez le liteau dans l'embrasure de la fenêtre. Fixez le taquet sur le côté de la fenêtre.

8 Accrochez le store au liteau à l'aide de la bande velcro et passez-y les cordelettes comme sur le schéma. Enroulez le tissu sur l'avant avant de le remonter complètement.

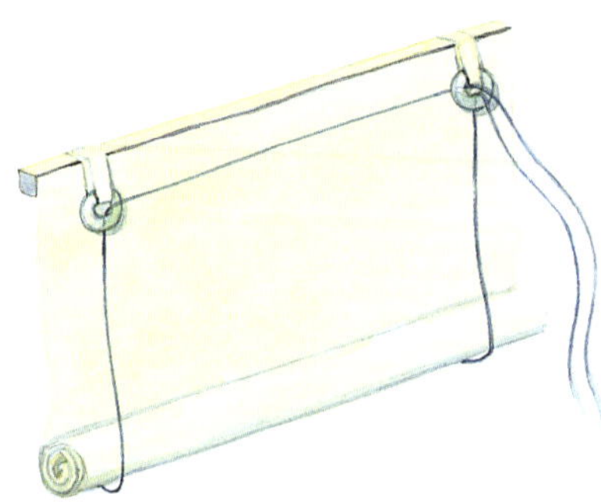

tissu & matériel

Lin tissé

Bande velcro de la largeur du store

Liteau en bois de la largeur du store

Baguette en bois de la largeur du store

Cordelette pour store

Deux anneaux en plastique

Enrouleur avec vis de fixation

Agrafeuse

Poinçon

Perceuse

Tournevis et vis

Nécessaire à couture

Cette fenêtre tout à fait ordinaire, perchée un tantinet trop haut, a bénéficié d'un traitement minimaliste. Les panneaux en canevas transparent qui la recouvrent laissent la lumière inonder la pièce, tandis que d'autres panneaux boutonnés par-dessus attirent l'œil sur leurs motifs brodés.

panneaux en lin superposés

panneaux en lin superposés

Ce traitement constitue un bon choix pour une fenêtre difficile à habiller quand on souhaite qu'elle laisse passer la lumière tout en préservant une certaine intimité. Le canevas léger de ces panneaux répond à ces deux exigences, car les panneaux boutonnés dessus, dont certains comportent un monogramme brodé au point de feston, le doublent et permettent ainsi de cacher la vue.

1 Découpez des pièces de canevas en ajoutant autour 2 cm à la taille requise. Rabattez les côtés sur 2 cm et repassez. Ouvrez et repassez un rentré de 1 cm pour former un ourlet double, puis dépliez tous les plis. Coupez les coins et faites-y des onglets, puis repliez les bords. Cousez les onglets au point coulé (voir p. 183), puis cousez les quatre côtés.

2 Pour faire les panneaux boutonnés, découpez des morceaux de lin de la taille requise en ajoutant 1 cm tout autour. Faites un double rentré d'un demi-centimètre sur tous les côtés, puis repassez, faufilez et cousez à la machine. Découpez le monogramme et repassez un rabat d'un demi-centimètre sur ses quatre côtés. Épinglez au centre du panneau en lin, endroit vers le haut, et faufilez. Cousez au point de feston en vous servant du fil à broder bleu.

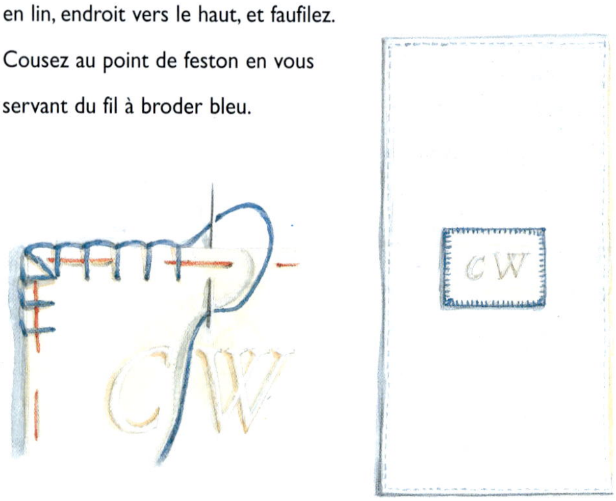

3 Définissez l'emplacement des boutonnières sur le lin et confectionnez-les à la main ou à la machine. Posez alors les pièces de lin envers contre les panneaux en canevas et marquez avec des épingles les emplacements où doivent être cousus les boutons. Cousez les boutons.

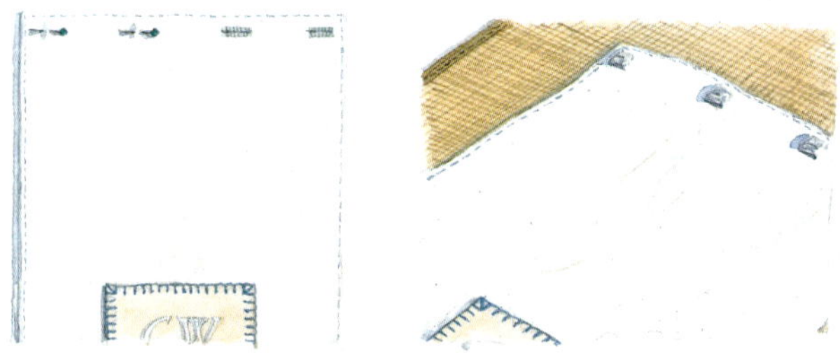

4 Coupez deux lanières de coton de 5 cm de long, pliez-les pour former des boucles qui serviront à suspendre les panneaux et cousez-les au dos des panneaux, sur le bord supérieur et en dessous de l'ourlet.

5 Pour suspendre les panneaux, fixez des vis dans le cadre de la fenêtre correspondant aux lanières en boucle. Suspendez les panneaux en canevas. Tamponnez chaque tête de vis avec un peu de colle forte et collez-y les cailloux.

tissu & matériel

Canevas léger ou lin tissé lâche de bonne qualité

Petites pièces de tissu en lin (ici, des torchons)

Serviettes anciennes en lin avec monogramme

Coton à broder bleu

Boutons

Lanière en coton

Petits cailloux

Tournevis et vis

Colle forte

Nécessaire à couture

Des torchons tout simples, à usage pratique et au toucher un peu rêche, peuvent trouver une fonction décorative si on les réunit en patchwork. Ils formeront alors des rideaux vraiment recherchés. Associés au grand chandelier et à la taille imposante de la pièce, leur fonction première toute simple apporte une petite touche d'humour à l'ensemble.

rideaux en patchwork

GLASS CLOTH

rideaux en patchwork

Ces rideaux mesurent environ 3 m de long et comportent chacun une doublure double. Pour déterminer le nombre de torchons nécessaires, marquez la largeur et la longueur de votre rideau sur le sol, et associez vos torchons ensemble jusqu'à obtenir un dessin qui vous plaise. Si par hasard il en manque à certains endroits, vous pouvez toujours combler les trous avec des torchons tout blancs. Assurez-vous ensuite que vous disposez bien de chaque torchon en double pour que le second rideau constitue l'exact reflet du premier.

1 En partant du haut du rideau, déposez les torchons sur le sol, envers vers vous, en débordant sur les bords sur environ 1,5 cm.

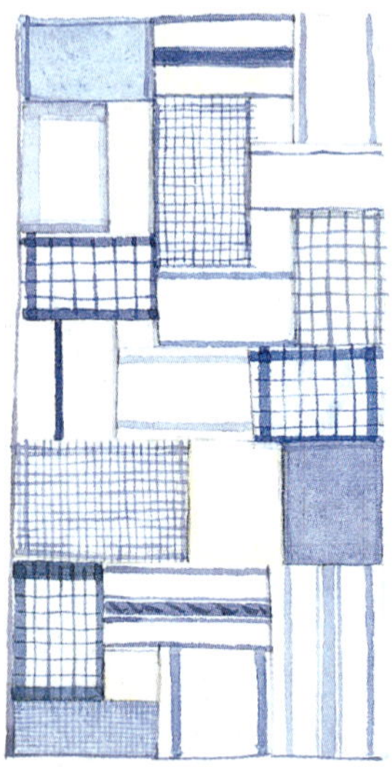

Si les torchons sont tous de la même taille, alignez-les pour former des rangées comme vous le feriez avec des briques pour construire un mur. Autrement, servez-vous de torchons blancs tout simples pour obturer tous les trous qui pourraient se former. Soignez particulièrement le bord avant du rideau, qui constitue visuellement la partie la plus importante. Comptez au moins 17 cm de plus sur la longueur et 10 cm sur la largeur pour les ourlets.

2 Commencez à assembler les torchons en partant du haut. Épinglez ensemble les deux premiers, endroit contre endroit, en ménageant une marge de 1 cm environ pour la couture. Faufilez, puis cousez à la machine. Rouvrez la couture au fer, puis continuez d'assembler les torchons comme les pièces d'un puzzle, en les repassant à chaque fois.

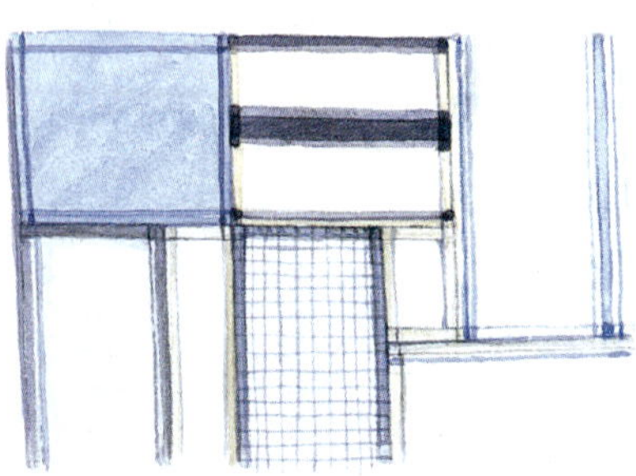

3 Pour confectionner la tête des rideaux, étendez le patchwork envers vers vous et disposez une bande d'entoilage de 5 cm de large le long du bord supérieur, en laissant une réserve de 5 cm de chaque côté et de 2,5 cm sur le haut.

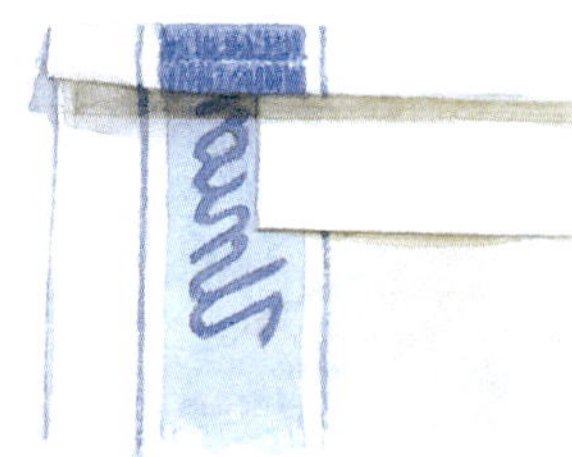

Rabattez la réserve de 2,5 cm sur l'entoilage et repassez, puis rabattez l'entoilage et repassez.

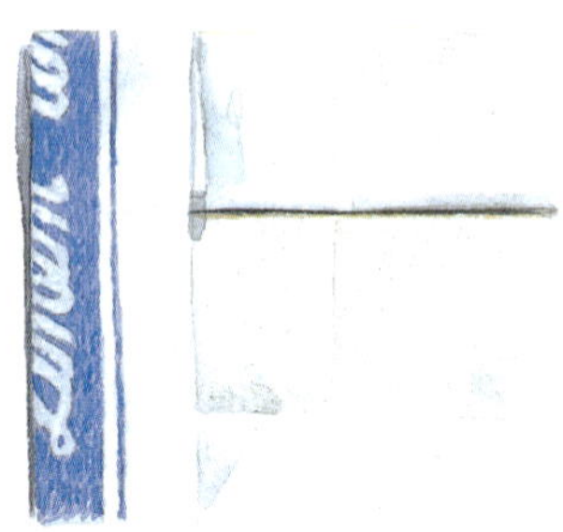

4 Faites un rentré de 5 cm sur le côté, rouvrez, repliez en deux et repassez. Repliez encore une fois pour former un ourlet double. Cousez au point de chausson (voir p. 183) la bordure supérieure pour que l'entoilage reste en place.

5 Formez l'ourlet de sol : repassez un rentré de 5 cm, ouvrez-le puis repassez un rentré deux fois moindre. Fixez deux bandelettes de plomb

dans les angles intérieurs. Reformez la première pliure et cousez à la main au point de chausson. Finissez de coudre les coins en soignant bien vos points.

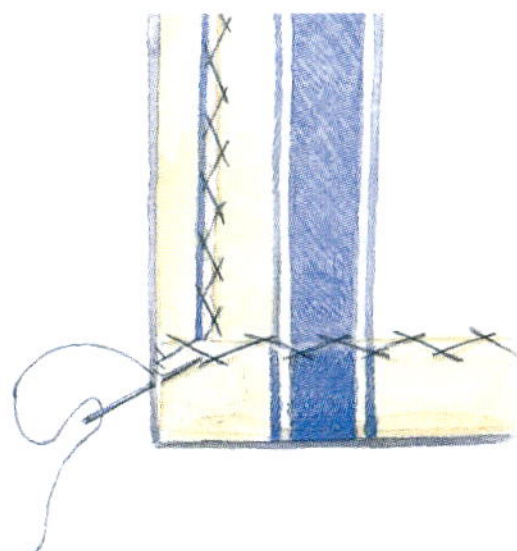

6 Découpez et assemblez deux pièces de doublure 4 cm plus larges que le rideau ourlé, et 6 cm plus longues. Repassez un ourlet de 2,5 cm sur le haut et sur les côtés, et cousez-le à la machine. Repassez un ourlet de 4 cm en bas et cousez-le à la machine. Disposez la doublure ourlée sur le rideau, envers contre envers, en la centrant par rapport aux côtés et en la faisant juste mordre sur la doublure du bas. Épinglez, faufilez et cousez au point coulé (voir p. 183) le long des bords supérieurs et latéraux, en laissant le bas ouvert. Repassez.

Confectionnez le deuxième rideau de la même manière, en inversant simplement la disposition des torchons. Accrochez les rideaux en vous servant de pinces à rideaux espacées d'environ 15-20 cm.

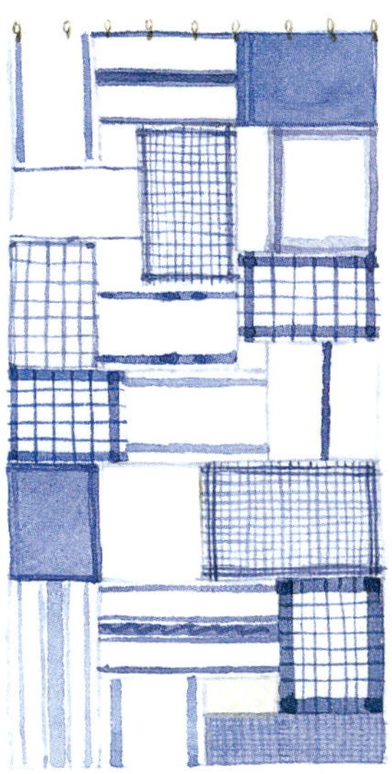

tissu & matériel

Environ 40 torchons en lin blanc et bleu, lavés et repassés, dont on a soigneusement découpé les ourlets
Torchons blancs en réserve pour combler les trous
Doublure
Entoilage de 5 cm de large, mesurant la largeur des rideaux à plat
4 bandelettes de plomb pour rideaux
Pinces à rideaux
Nécessaire à couture

Ces petites tringles pivotantes ont été commandées spécialement pour ce panneau de coton ouvragé. Fixées au haut et au bas de la fenêtre, il suffit de les faire pivoter pour écarter le panneau de la fenêtre ou l'en rapprocher. Le coton translucide diffuse une très jolie lumière dans la pièce, tout en préservant l'intimité. Ce type de fixation convient également très bien pour les portes-fenêtres.

panneau sur tringles pivotantes

panneau sur tringles pivotantes

On trouve facilement des tringles pivotantes chez les fabricants d'accessoires de fixation pour rideaux. Mais celles-ci, très petites, ont été fabriquées spécialement dans une quincaillerie. Une autre possibilité consiste à utiliser un câble de suspension pour voilages. Le panneau est maintenu en place grâce à d'étroits fourreaux, et il s'agit de les confectionner le mieux possible : si le panneau n'est pas parfaitement tendu, il se mettra à battre comme une voile. On peut, au besoin, utiliser un peu d'apprêt pour rigidifier le tissu.

1 Commencez par mesurer ou par calculer la circonférence des tringles, qui est ici de 5 cm. Ajoutez à cette mesure 1 cm pour la tête du haut ou du bas et 1 cm pour l'ourlet, donc au total 7 cm pour chaque glissière. Pour calculer la longueur du panneau, additionnez deux fois la mesure des glissières à l'écart entre les barres. Pour la largeur, comptez 3 cm supplémentaires pour les ourlets.

2 L'envers du tissu face à vous, repliez les hauteurs sur 3 cm et repassez-les. Dépliez, puis repassez un rentré de 1,5 cm pour que le bord non fini s'aligne sur la première pliure. Faufilez et cousez.

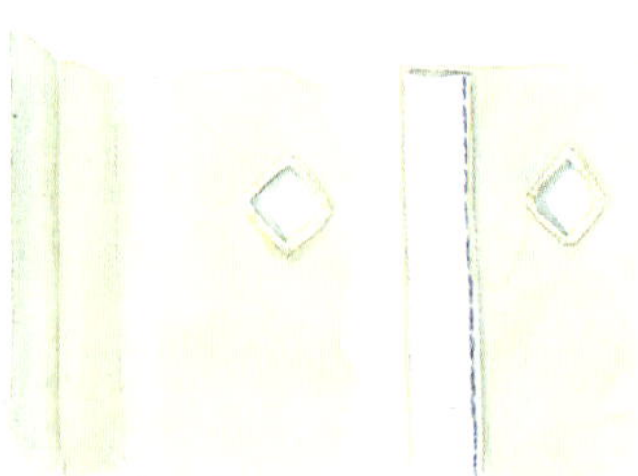

3 L'envers du panneau toujours face à vous, repliez sa partie inférieure selon la mesure calculée pour chaque glissière (ici, 7 cm) et repassez-la. Rouvrez et repliez ce rentré en deux pour que le bord non fini s'aligne sur la pliure. Pliez de nouveau pour constituer un grand ourlet double, puis épinglez et faufilez. Cousez à la machine près de la bordure.

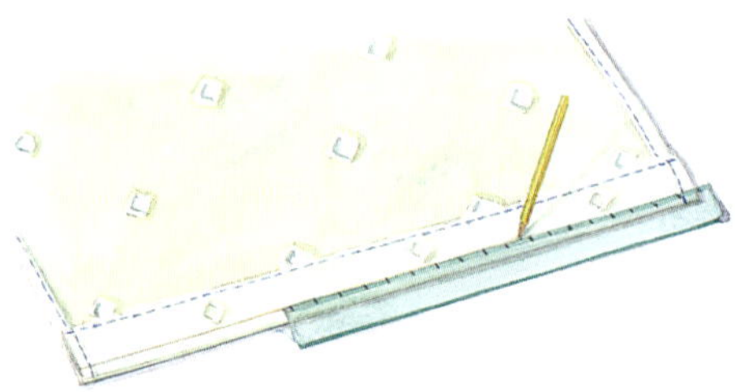

4 Munissez-vous d'une règle et d'une craie de tailleur pour tracer une ligne à 1 cm de la pliure. Cousez à la machine le long de cette ligne pour former une tête. Retournez le tissu et répétez l'étape 3 pour confectionner le fourreau supérieur. Posez les tringles sur la fenêtre et enfilez les fourreaux dessus pour mettre le panneau en place.

tissu & matériel

Tissu blanc en broderie anglaise

Deux tringles pivotantes

Longue règle et crayon

Tournevis

Nécessaire à couture

panneaux coulissants

Cette superposition de panneaux en voile et en lin soigneusement coupés et disposés sur un système de tringles coulissantes confère à cet habillage un aspect fluide et multifonctionnel.

Les motifs du voile aident à tamiser légèrement la lumière tandis que le lin, lui, la coupe totalement.

panneaux coulissants

Pour un habillage de fenêtre moderne et sans fioriture, difficile de faire mieux que ce système de panneaux coulissants à poids. Celui-ci comporte quatre rails distincts au sein d'une même tringle, qui supportent chacun un ou deux panneaux de tissu lestés sur leur partie inférieure et fixés sur le haut avec une bande velcro. On peut les déplacer individuellement pour varier leur disposition, mais aussi pour avoir un contrôle optimal de la lumière. En jouant avec les panneaux transparents et les panneaux opaques, on peut créer une intimité totale, filtrer simplement le soleil ou obtenir un résultat entre les deux. Ce système est disponible aux mesures souhaitées, et l'on peut en modifier le nombre de rails ou de panneaux.

1 Découpez dans chaque tissu le nombre nécessaire de panneaux, en comptant 3 cm de plus que la largeur requise et 7 cm de plus sur la longueur.

2 Posez un panneau à plat sur une surface plane, envers vers vous, et rabattez ses deux côtés sur 1,5 cm. Repassez, dépliez et repliez-en la moitié. Repassez et repliez le long de la première pliure pour former un double rentré. Épinglez, faufilez et cousez les deux côtés à la main.

3 Rabattez la bordure supérieure sur 1 cm et repassez-la. Découpez une bande à barbules de velcro mesurant exactement la largeur du panneau et déposez-la sur la bordure supérieure en recouvrant le rentré. Épinglez, faufilez et cousez à la machine.

4 Rabattez la bordure inférieure sur 3 cm et repassez. Rabattez de nouveau 3 cm et repassez. Dépliez les deux rabats. Déposez le ruban de plomb entre les deux pliures, bien centré par rapport aux deux côtés. Repliez deux fois le tissu et épinglez. Retirez le poids. Faufilez et cousez à la machine près du bord du rabat et réinsérez le poids bien au milieu. Cousez à la main les ouvertures des extrémités pour maintenir le poids en place. Procédez de même pour les autres panneaux.

5 Fixez le système de rails coulissants en vous référant aux instructions du fabricant.

tissu & matériel

Tissu en lin opaque

Voile pour rideaux

Bande velcro

Système de rails coulissants incluant les tringles et les rubans de plomb

Nécessaire à couture

style classique

Confort, élégance et intemporalité sont les maîtres mots d'un intérieur classique. Ce sont eux qui donnent cette impression, lorsque vous entrez dans une pièce, que tout est à sa place, les proportions parfaitement respectées, aucune couleur ne jurant avec une autre, le mobilier à la fois confortable et stylé et les rideaux mettant admirablement le tout en valeur. Les idées présentées dans cette partie regorgent de tissus aux touchers incroyables – allant du taffetas craquant au tissu éponge bien absorbant en passant par la sensualité d'une belle laine – , et leur classicisme émane aussi bien de leur texture que de la manière dont ils sont traités. Les formes en elles-mêmes sont très variables, allant du rideau très formel en taffetas drapé à l'italienne au store roulant tout simple confectionné avec de la toile à matelas traditionnelle. Chacune tient compte de la structure de la fenêtre ainsi que des attentes de son propriétaire. Avec les rideaux classiques, les proportions jouent un rôle important : des rideaux tombant jusqu'au sol nécessitent d'être bien épais pour avoir un beau tomber, mais sans l'être trop, car ils pourraient devenir trop encombrants. Un rideau avec cantonnière intégrée nécessitera, quant à lui, d'être suffisamment long par rapport à la fenêtre. Et, comme toujours, les couleurs et les détails tels que l'adjonction d'une bordure en velours sont la clé d'un habillage de fenêtre réussi.

La sobriété d'un store ou la majesté d'un drapé ajoutent une touche créative aux décors les plus sages. Il suffit parfois de peu de chose pour que le style classique se voie réinterprété de façon originale.

rideau de douche en éponge

Suspendu par ses œillets à des crochets fixés sur un grand anneau chromé, ce rideau de douche en tissu éponge ceint majestueusement cette baignoire en fer forgé aux bords élégamment recourbés. Les finitions sur les bords sont obtenues à l'aide d'un petit galon en coton qui apporte de la fraîcheur à l'ensemble, et le tissu lui-même est doublé avec un tissu synthétique qui le protège de l'humidité. On a compté une bonne longueur de tissu pour un tomber généreux qui donne une allure somptueuse à l'ensemble.

rideau de douche en éponge

On trouve des grands œillets métalliques chez des fournisseurs spécialisés, mais il faut savoir qu'ils requièrent pas mal d'habileté et de force pour les poser. De plus en plus de fabricants de rideaux et de fournisseurs d'accessoires pour rideaux peuvent poser vos œillets pour vous, ce qui vous donnera l'assurance d'obtenir une rangée d'œillets bien régulière. Le haut de ce rideau nécessitant d'être suffisamment rigide pour tenir « debout », un entoilage assez épais a été utilisé pour le rigidifier. Ce modèle de rideau demande une quantité étonnante de tissu, car il doit déborder de la baignoire à la fois sur sa longueur et sur sa largeur. Relevez et calculez donc vos mesures avec soin avant d'en entreprendre la confection.

1 Découpez trois lés dans chaque tissu en rajoutant 52 cm à la longueur requise. N'oubliez pas que la largeur de la baignoire prendra beaucoup sur la longueur, prévoyez donc large. Assemblez les lés de serviette éponge et de doublure (voir p. 181).

2 Posez la serviette éponge sur une surface plane, endroit vers vous. Posez dessus la doublure, envers vers vous et de manière à ce que les quatre angles correspondent. Épinglez, puis faufilez et cousez à la machine le long du bord supérieur et des deux hauteurs. Dégarnissez les angles et retournez l'envers sur l'endroit.

3 L'envers du tissu éponge tourné vers vous, posez le rideau à plat et rabattez sa bordure supérieure sur 15 cm. Repassez, puis ouvrez. Déposez la bande d'entoilage sous la ligne de pliure en ménageant un espace de 3 cm de chaque côté.
Épinglez.

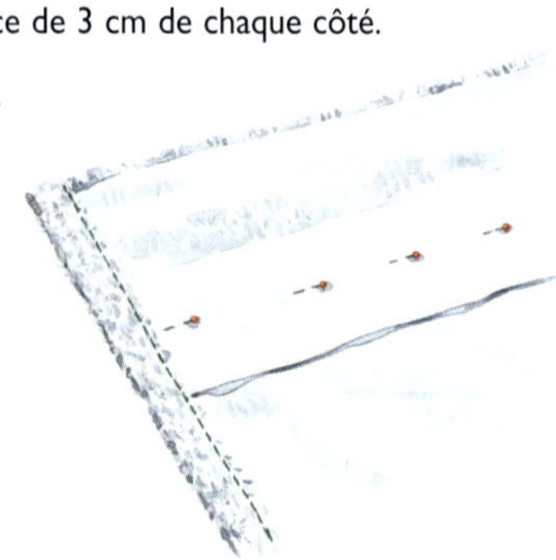

4 Repassez un rentré de 3 cm sur les deux bords du rideau. Épinglez, faufilez et cousez à la machine en emprisonnant l'entoilage.

5 Repliez le bord supérieur par-dessus l'entoilage, puis pliez l'entoilage sur lui-même. Épinglez pour maintenir en place et cousez au point coulé (voir p. 183).

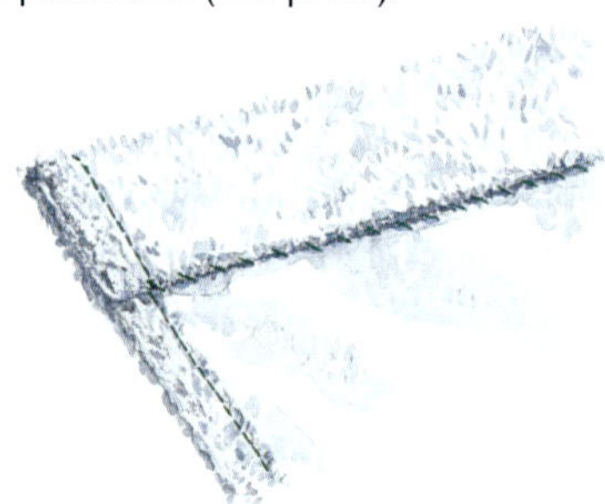

6 À l'aide de la pince du kit, posez une rangée d'œillets sur la ligne médiane de l'entoilage tous les 30 cm environ.

7 Pour confectionner l'ourlet, repassez un rentré de 20 cm sur le bord inférieur du rideau. Ouvrez-le et repassez un nouveau rentré de manière à ce que le bord non fini s'aligne sur la pliure. Repliez, épinglez, faufilez et cousez au point coulé.

8 Cousez à la main la bordure du galon le long des bords supérieur et inférieur ainsi que sur les côtés en partant du haut. Fixez un crochet métallique dans chaque œillet.

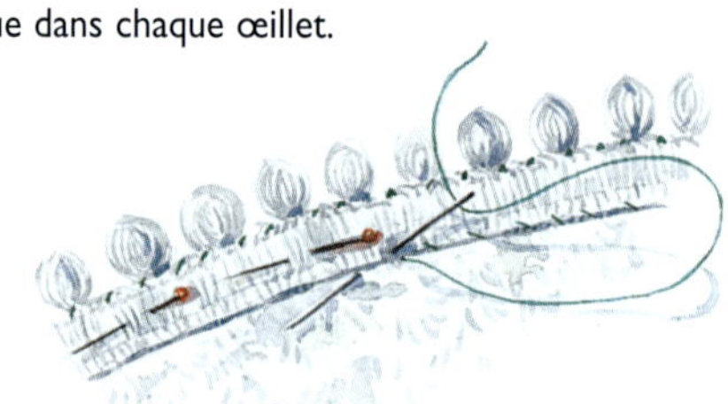

tissu & matériel

Tissu éponge, mesurant au moins trois fois la circonférence de l'anneau de douche

Tissu imperméable transparent pour la doublure, de la même largeur que le tissu éponge

Galon en coton

Entoilage épais de 15 cm de large et 5 cm plus court que la largeur du rideau

Kit à œillets

Crochets métalliques

Nécessaire à couture

store frangé

Dans un espace aussi exigu que celui de cette salle de bains, le store à enrouleur mécanique, à la fois peu encombrant et fort décoratif, s'avère idéal. Les kits pour ce type de stores s'accommodent de presque tous les tissus, vous pouvez donc assez facilement concevoir un ensemble coordonné, et de plus ils nécessitent peu de tissu. La lisière frangée terminée par des petites boules de coton ajoute une petite note de fantaisie à l'ensemble.

I Vous n'aurez aucun mal à vous procurer un kit pour stores à enrouleur mécanique. Pour l'assembler, suivez les instructions du fabricant ; apportez ensuite une finition à la lisière du store en cousant à la main une frange et en posant un ruban en velours à l'aide de colle pour tissu juste au-dessus de la baguette en bois. Accrochez enfin le store en suivant les instructions.

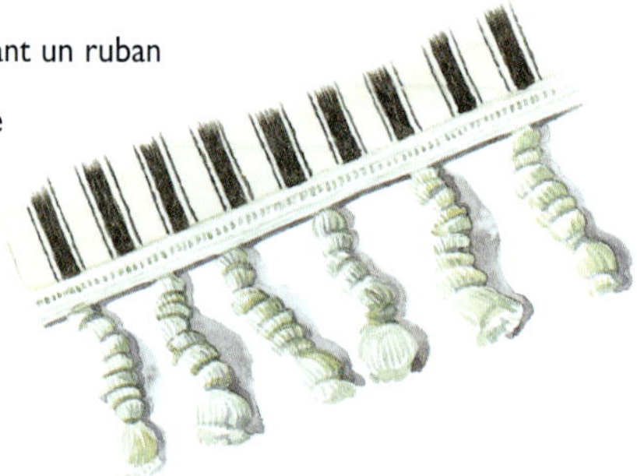

rideaux en laine festonnés

Dans cette vieille maison de campagne, on découvre des murs de plâtre grossier et un chaleureux poêle à charbon qu'éclaire une croisée de fenêtre assez basse, aux rideaux en laine couleur crème. La laine, assez lourde, n'est pas doublée, car elle garde suffisamment la chaleur l'hiver et filtre agréablement la lumière l'été. Les rideaux sont pendus à des anneaux en bois tout simples posés sur une barre ancienne, et bordés d'une lisière à gros festons et petits pompons en laine.

rideaux en laine festonnés

Il existe de nos jours sur le marché tellement de beaux tissus épais aussi bien finis sur l'endroit que sur l'envers et qui ne nécessitent pas de doublure que l'on peut vraiment confectionner des rideaux facilement. On a simplement apposé sur les festons une doublure thermocollante pour qu'ils conservent une bonne tenue, puis on les a crantés pour qu'ils risquent moins de s'effilocher.

1 Découpez trois lés en rajoutant 27 cm pour l'ourlet et les rabats. Pour obtenir un rideau, coupez l'un des lés, en deux dans le sens de la longueur, puis épinglez-en une moitié à un lé entier endroit contre endroit, faufilez et cousez à la machine le long des lisières. Ouvrez les coutures au fer.

2 La lisière festonnée est constituée d'une étroite bande du tissu à rideaux. Pour déterminer sa longueur, ôtez de celle du rideau final 6 cm pour la tête et les ourlets, puis divisez par le nombre de festons. À titre indicatif, quatorze festons de 15 cm de diamètre créeront une longueur de 213 cm. Calculez la largeur en additionnant au rayon du feston 4 cm, plus 1,5 cm pour l'ourlet. Découpez la bande sur le bord du demi-lé. Repassez une longueur de toile thermocollante sur l'envers du tissu et surfilez la longueur.

3 Confectionnez un gabarit circulaire en carton de la même taille que les festons que vous voulez obtenir et tracez-en le diamètre. Disposez la bande de tissu sur une table envers vers vous, donc côté interface, et prenez une craie de tailleur pour tracer une ligne, l'espace la séparant du bord non fini devant être égal au rayon du gabarit. En prenant comme repère la ligne de diamètre tracée sur le gabarit, tracez les contours demi-circulaires des festons puis découpez-les avec des ciseaux cranteurs en suivant bien les courbes.

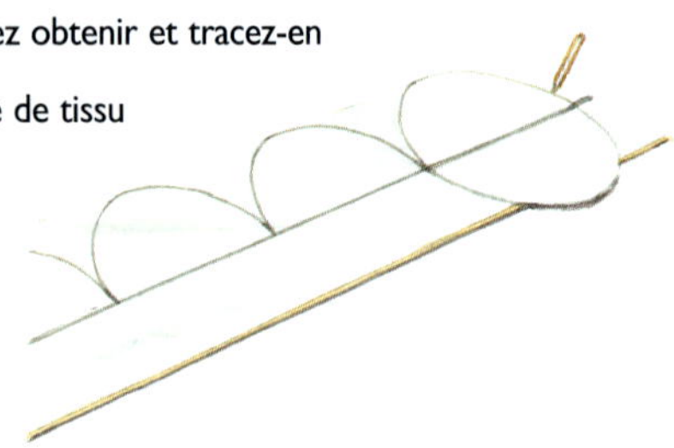

4 Surfilez les quatre bords du rideau. L'endroit tourné vers vous, épinglez le galon à petits pompons le long du bord avant en partant à 6 cm du haut de telle sorte que seuls les pompons ressortent d'une couture de 1,5 cm. Le galon doit normalement s'arrêter à 24 cm du coin inférieur.

5 Déposez la bande festonnée envers vers le haut sur l'endroit du galon de manière à ce que les pompons soient pris entre deux épaisseurs. Épinglez, faufilez et cousez-la en place.

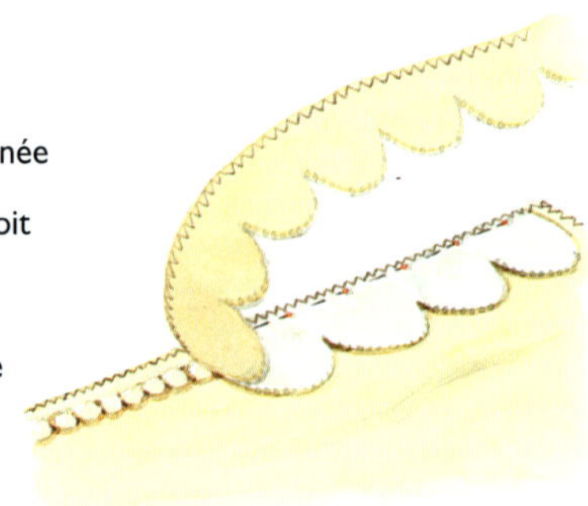

6 Pliez le bas du rideau sur 24 cm. Épinglez, faufilez les extrémités puis cousez-les à la machine à 1,5 cm des bords. Retaillez les angles, retournez. Repassez un rentré de 1,5 cm sur l'ourlet puis cousez-le à la machine. Coupez les coins et retournez l'ouvrage de manière à ce que le rentré se retrouve sur l'envers. Épinglez, faufilez et cousez le rabat

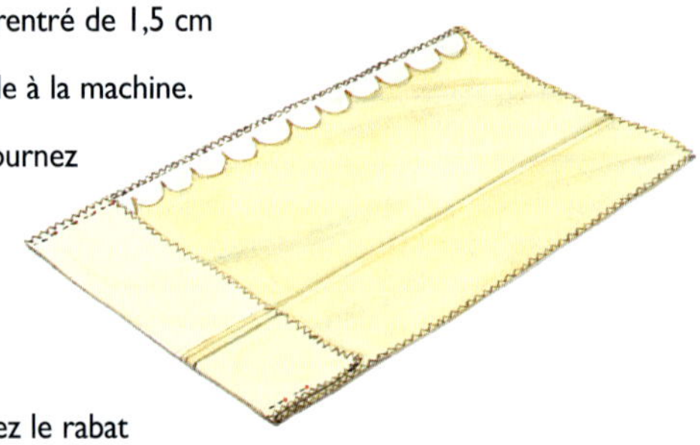

au point coulé (voir p. 183). Repassez un rentré de 1,5 cm sur le bord non fini et cousez à la machine.

7 Rabattez le haut surfilé sur 3 cm et cousez-le au point coulé. Coupez un ruban fronceur aussi long que le bord supérieur et repassez aux bouts un rentré de 1 cm.

Épinglez pour maintenir en place, puis faufilez et cousez à la machine. Confectionnez le deuxième rideau de la même manière en inversant simplement le bord conducteur pour que les deux rideaux se correspondent.

tissu & matériel

Tissu en laine tissée lâche, couleur crème
Toile thermocollante
Galon à petits pompons
Ruban fronceur étroit
Ciseaux cranteurs
Carton pour le gabarit
Compas
Longue règle
Nécessaire à couture

rideaux à rayures de ruban, non doublés

Une grande baie vitrée attire l'œil sur de lourds rideaux en lin crème au tissage grossier, qui tombent jusqu'au sol dans un mouvement parfait. De larges bandes en satin fuchsia et mauve y ont été cousues à la main pour constituer d'élégantes rayures.

rideaux à rayures de ruban, non doublés

Pour confectionner à la main une tête de rideaux, il faut bien maîtriser les techniques de couture, mais aussi avoir du temps et être patient. On est cependant largement récompensé lorsqu'on obtient des rideaux qui relèvent presque de la haute couture, sans coutures apparentes et avec un tomber merveilleux. Les rideaux présentés ici ont été coupés dans un très beau lin bien épais. Destinés à une baie vitrée, ils se seraient en effet révélés trop encombrants si on les avait doublés et surdoublés, augmentant ainsi considérablement leur masse, et ils auraient risqué de bloquer la lumière. Chacun de ces rideaux a nécessité deux lés entiers de tissu.

1 Coupez deux lés de lin en prévoyant 22 cm de plus que la longueur requise. Comme ces rideaux ne seront pas doublés, on assemble les lés avec une couture anglaise. Épinglez et faufilez les deux pièces de lin ensemble, longueurs bord à bord et envers contre envers. Piquez à la machine à 1 cm du bord et consolidez les extrémités de la couture en effectuant quelques points arrière à la machine. Coupez les réserves pour les réduire à un demi-centimètre. Retournez l'ouvrage de manière à ce que les pièces de tissu se retrouvent endroit contre endroit et repassez pour que la couture se retrouve bien sur l'arête. Faufilez, puis cousez à la machine à 1 cm du bord. Ouvrez la couture et repassez-la sur un côté. Surfilez les bords verticaux.

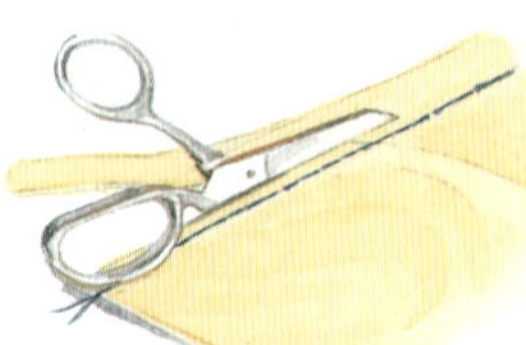

2 Repassez un ourlet simple de 5 cm sur chaque côté. Repliez la lisière pour former un ourlet double de 5 cm en repassant d'abord un pli de 10 cm, puis en le rouvrant pour former un deuxième pli de 5 cm afin que le bord non fini s'aligne sur la première pliure. Repassez. Reformez le premier pli et cousez l'ourlet au point de chausson (voir p. 183). Fermez les extrémités à la main à petits points.

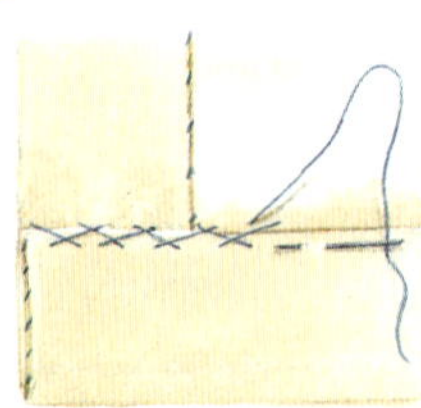

3 Faites un rabat de 2 cm sur le haut et repassez, puis rouvrez. Ouvrez les ourlets latéraux et déposez la bande d'entoilage le long de la pliure supérieure de manière à ce que ses extrémités s'alignent sur les plis latéraux. Repliez les coins suivant un angle de 45 degrés, puis reformez les ourlets latéraux et supérieur. Cousez les onglets au point coulé (voir p. 183). Cousez au point de chausson le bord supérieur à l'entoilage, puis les ourlets latéraux au point coulé.

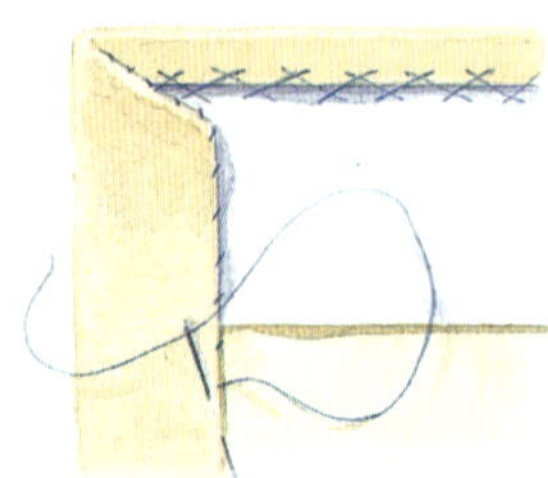

4 Rabattez l'entoilage et cousez-le au point de chausson. Cousez soigneusement à la main les extrémités ouvertes. Avec un fil très solide, passez 2 fils de fronces parallèles dans l'entoilage (voir p. 183). La couture supérieure doit être à 1,5 cm du bord supérieur, la couture inférieure 7 cm plus bas. Vérifiez que les points des deux coutures sont

de même longueur et parfaitement alignés. Tirez sur les deux fils pour froncer le tissu jusqu'à obtenir la largeur désirée. Bloquez avec un nœud.

5 Coupez un lé de lin de 8 cm de large et 4 cm plus long que la largeur du rideau fini. Déposez-le sur une table, envers vers vous. Faufilez la sangle le long du centre et repassez les coins en onglets. Repassez les deux longueurs repliées pour qu'elles recouvrent la sangle et cousez. Repliez les onglets et cousez-les au point coulé.
Posez le rideau sur une table, envers vers vous. Déposez la sangle tapissée, endroit vers vous, sur les fronces et à 1,5 cm du bord supérieur. Épinglez, faufilez puis cousez-la solidement aux fronces en prenant à la fois le tissu et l'entoilage.

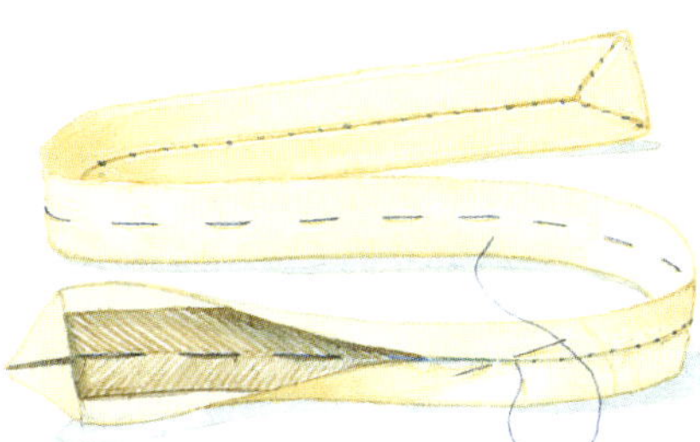

6 Cousez solidement les agrafes en ménageant entre elles un même écart de 15-20 cm sur la bande de ruban à sangles tapissée.

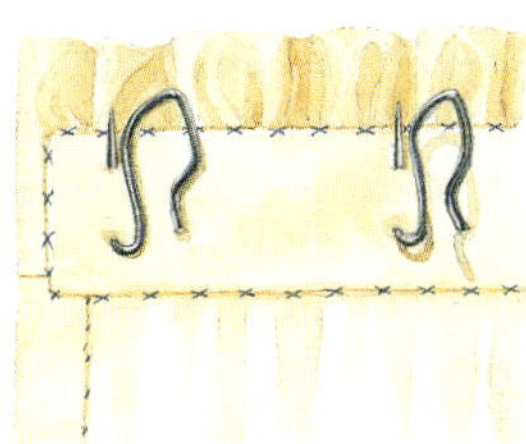

7 Épinglez et faufilez la première bande de ruban large à environ 20 cm de la lisière, en en repliant une petite partie sur l'arrière, et cousez en place au point coulé. Fixez l'autre ruban au rideau de la même manière, 5 cm plus haut.

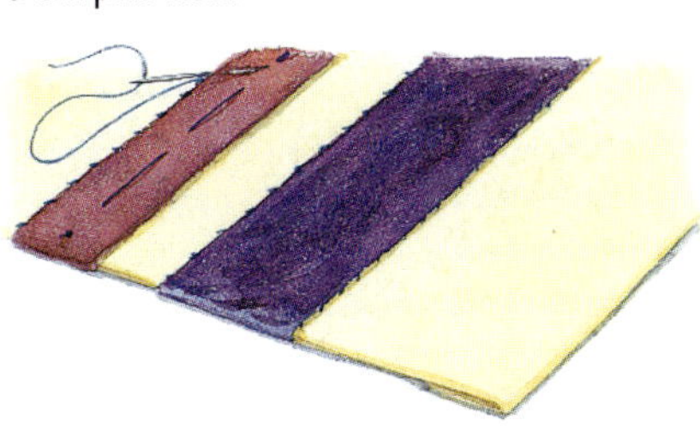

Confectionnez le deuxième rideau de la même manière, puis suspendez-les à votre fenêtre.

tissu & matériel

Tissu en lin lourd et tissé
Rubans pour le bas des rideaux
Entoilage fin, de 10 cm de large, et mesurant la largeur des rideaux non froncés
Sangle de 3 cm de large, mesurant la largeur des rideaux finis
Agrafes
Fil très solide
Nécessaire à couture

rideaux à doublure contrastante

Ces grandes fenêtres classiques sont fort élégamment habillées de rideaux en lin ivoire doublés avec un imprimé à motifs classiques noir et ivoire, qui font écho à la décoration monochrome de la pièce. Les fines barres en fer forgé auxquelles on les a suspendus présentent une ligne parfaitement épurée ; quant aux liens servant d'attaches, ils permettent de retourner les rideaux si on le souhaite.

rideaux à doublure contrastante

Des rideaux unis doublés d'un imprimé à motifs peuvent former un ensemble tout à fait intéressant et subtil. Ici, on a choisi pour la doublure une toile de Jouy aux motifs très classiques, mise en valeur par une ganse torsadée. Il est préférable d'incorporer au rideau une contredoublure pour que les motifs ne risquent pas d'être visibles en transparence sur le côté uni.

1 Découpez une pièce du tissu principal en comptant 10 cm de plus que la longueur requise. Découpez une pièce de molleton de la même taille, puis posez le tissu principal, envers vers vous, sur une surface plane. Posez le molleton dessus de manière à ce que les bords coïncident. Repliez la moitié du lé de molleton dans sa largeur et cousez-le au point de baguage (voir p. 184) au tissu principal, le long du pli. Remettez ensuite le molleton à plat.

2 Faites un ourlet de 5 cm sur les quatre côtés, en prenant ensemble tissu et molleton et en les traitant comme une seule pièce. Repassez, puis rouvrez. Pour faire les coins en onglets, rentrez-les suivant un angle de 45 degrés, en alignant les pliures. Repassez, puis reformez les ourlets. Si les coins apparaissent trop épais, coupez les coins de molleton qui dépassent avant de coudre les onglets au point coulé (voir p. 183). Cousez les ourlets latéraux au point coulé et les ourlets de sol et de tête au point de chausson (voir p. 183).

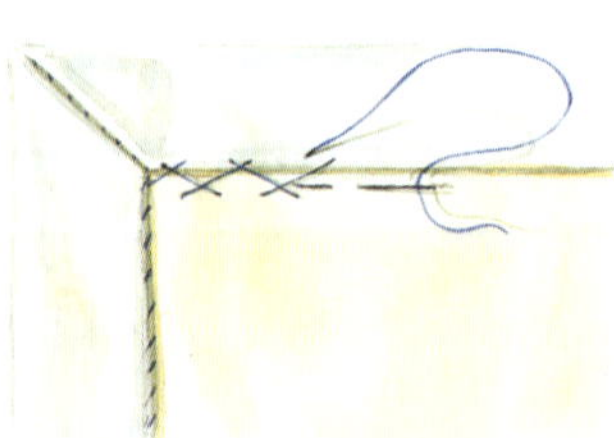

3 Découpez une pièce de doublure contrastante de la même taille que les rideau ourlé. Posez-la sur une surface plane, envers vers vous, et repassez un rentré de 2,5 cm sur chaque bord. Confectionnez des onglets aux coins et cousez-les au point coulé, puis cousez les coutures verticales au point coulé et les coutures horizontales au point de chausson, comme précédemment.

4 Pour confectionner les attaches, coupez cinq bandes dans le tissu principal de 8 cm de large et 40 cm de long. L'envers tourné vers vous, rabattez les deux longueurs sur 2 cm et repassez. Rouvrez et pliez encore en deux pour rencontrer la première pliure. Repassez et rouvrez. Faites la même chose sur les deux largeurs. Coupez les triangles de tissu extérieurs et repliez les coins suivant un angle de 45 degrés, en travers des coins

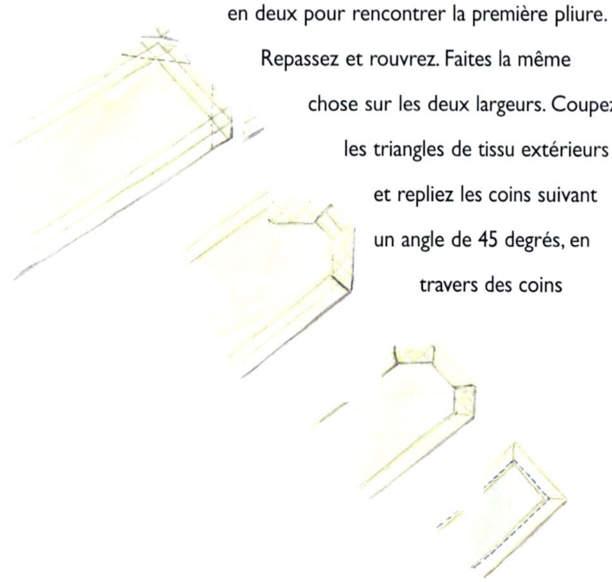

internes. Repliez les longueurs deux fois, puis les largeurs deux fois. Épinglez, faufilez et cousez à la machine près de la bordure.

5 Déposez sur une table le rideau surdoublé, envers vers vous. Divisez son bord supérieur en quatre parties égales, que vous délimiterez avec des épingles. Pliez les attaches en deux, envers contre envers. Épinglez et faufilez une attache à l'emplacement de chaque épingle afin que les bords pliés se trouvent à 3 cm du bord supérieur. Cousez à la machine chaque attache.

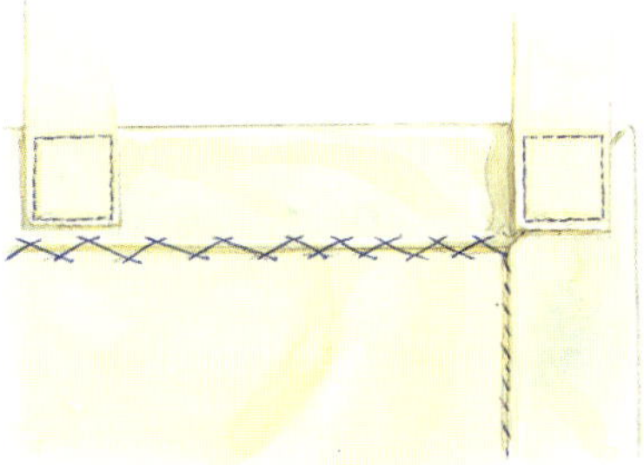

6 Déposez la doublure ourlée sur le rideau, endroit vers vous, en ménageant une réserve de 2,5 cm sur tout le pourtour. Épinglez, faufilez puis cousez au point coulé sur les quatre côtés.

7 Coupez une longueur de ganse noire mesurant celles des bordures du rideau plus 5 cm. Cousez à la main sur tout le pourtour pour cacher la couture d'assemblage.

Confectionnez le deuxième rideau de la même manière, en veillant à ce que les motifs coïncident, puis suspendez-les à votre fenêtre.

tissu & matériel

Tissu principal, sans oublier de quoi faire les attaches

Doublure contrastante

Ganse torsadée en satin noir

Molleton fin

Nécessaire à couture

store à enrouleur festonné

Les stores à enrouleur s'utilisent dans le monde entier comme habillages de fenêtres et on les trouve facilement en kit. Ils peuvent s'avérer d'un aspect un peu ennuyeux, mais rien ne vous empêche de les adapter au style de la pièce qu'ils investiront. Si vous suivez bien les conseils fournis sur ces pages et mettez un grand soin dans la confection ainsi que dans la pose de votre store, effectuer quelques modifications sur son bord inférieur vous semblera facile. Dans le cas présent, elles consistent en une bande festonnée bordée d'une élégante ganse de velours noir.

Confectionnez votre store dans la taille souhaitée, en suivant les instructions du fabricant et en découpant la tringle et les lattes aux longueurs qui conviennent. Faites à la main les finitions sur le bord inférieur en y cousant une frange ou, pour un effet encore plus décoratif, en y apposant une lisière festonnée avant de fixer le store à la tringle, puis sur le cadre de la fenêtre.

1 Pour faire la bordure festonnée, découpez une bande de tissu aussi longue que la largeur du store en rajoutant 2 cm pour les ourlets, et d'une largeur deux fois supérieure à celle des festons (soit environ 20 cm), plus 2 cm. Vérifiez que les rayures s'alignent bien sur celles du store. Pliez le tissu en deux envers contre envers, et repassez. Repassez un rabat de 1 cm sur chaque longueur. Divisez la largeur du store par le nombre de festons nécessaires et découpez un cercle ayant ce diamètre dans un carton. Tracez une ligne au milieu de ce cercle.

2 Déposez le gabarit dans un angle, côté pliure, de telle sorte que la ligne du diamètre soit parallèle à la pliure. À l'aide d'une règle et d'un crayon ou d'une craie de tailleur, tracez une ligne sur le tissu prolongeant celle du diamètre puis contournez le rond pour dessiner les festons un par un, en alignant chaque fois le diamètre du cercle sur la ligne tracée à la craie.

3 Épinglez les deux côtés du tissu au centre de chaque demi-cercle pour les maintenir en place. Découpez les festons avec une paire de bons ciseaux.

4 Déposez une pièce de tissu envers vers le haut. Épinglez et faufilez la lisière gansée sur le pourtour des festons et sur les deux hauteurs, en superposant les bords.

5 Déposez la deuxième pièce de tissu sur la première, endroit vers le bas, de manière à ce que les festons coïncident et que la ganse soit prise entre les deux épaisseurs. Épinglez, faufilez et cousez à la machine sur tout le pourtour des festons et sur les deux côtés, en prenant la ganse en sandwich.

Utilisez le pied pour fermeture à glissière pour piquer au plus près de la ganse, en vous assurant que celle-ci repose vers l'intérieur de la couture.

6 Coupez le tissu qui dépasse des coutures. Faites des entailles sur les arrondis et entre les festons afin que le tissu reste bien à plat.

7 Retournez l'ouvrage à l'endroit et repassez. Épinglez, faufilez et cousez à la machine la lisière festonnée à la bordure inférieure du store et égalisez d'un petit coup de ciseaux la ganse par rapport au store.

8 Cousez les perles entre les festons, et un gland entre les deux festons centraux.

tissu & matériel

Store à enrouleur en kit

Tissu tissé serré, en quantité suffisante pour confectionner aussi les festons

Ganse de couleur contrastée pour les festons

Perles

Glands

Compas

Carton peu épais pour le gabarit

Longue règle

Nécessaire à couture

rideaux à cantonnière attenante

Les proportions de cette fenêtre étroite et haute paraissent plus harmonieuses grâce à l'ajout sur chaque rideau d'une cantonnière à franges, laquelle permet, en outre, de ne pas trop bloquer la lumière. En orientant les rayures de la cantonnière à l'horizontale, on donne l'illusion d'une fenêtre plus large.

rideaux à cantonnière attenante

La cantonnière attenante est une astuce décorative qui se révèle fort utile dans bien des situations. Elle remplace avantageusement un lambrequin plus prétentieux ou une vraie cantonnière, tout en apportant un effet décoratif indéniable et en aidant à atténuer certains défauts de proportions. Ici, les cantonnières sont confectionnées dans le même tissu à rayures que le rideau ; ce dernier est doublé, et chaque cantonnière mesure exactement la largeur du rideau fini.

1 Découpez un seul lé de tissu 12,5 cm plus long que la longueur requise. Déposez le tissu sur une table, endroit vers vous. En partant du coin supérieur du bord conducteur, épinglez et faufilez une bordure frangée de manière à ce que seuls les triangles des franges ressortent lorsqu'une couture aura été faite à 1,5 cm. Terminez 10 cm au-dessus du coin inférieur.

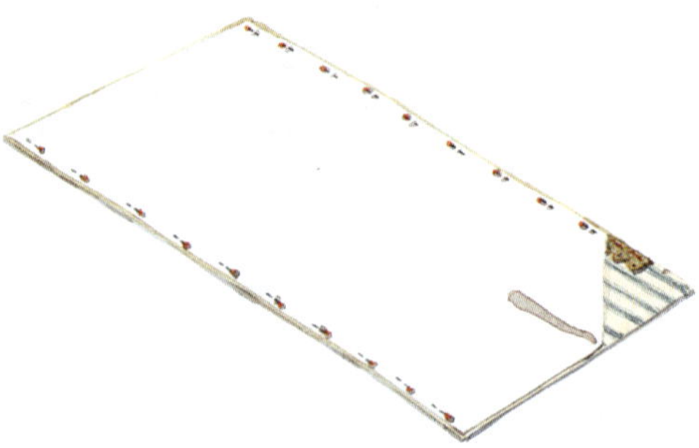

2 Découpez une pièce de doublure aux mêmes dimensions que le tissu principal. Posez-la sur le tissu principal frangé, endroit vers le bas. Épinglez et faufilez les côtés ensemble et cousez à la machine des coutures à 1,5 cm pour obtenir une grande poche. Repassez un rabat de 1 cm tout autour du bord inférieur, puis faites un ourlet de 10 cm, épinglez, faufilez et cousez à la machine. Retournez le rideau à l'endroit et repassez.

3 Pour la cantonnière, découpez aux dimensions requises une pièce de tissu rayée horizontalement, en rajoutant 3 cm pour les rentrés de couture. Découpez une pièce de doublure de la même taille, puis une bande de frange de la même longueur. L'endroit du tissu face à vous, fixez la frange sur une largeur de manière à ce que seuls les triangles de la frange dépassent de la couture de 1,5 cm. Disposez la doublure par-dessus, envers vers le haut. Épinglez, faufilez et cousez à la machine les côtés et le bas. Retournez l'ouvrage à l'endroit et repassez.

4 Épinglez et faufilez ensemble les bords supérieurs non finis du rideau et la doublure. Délimitez avec des épingles dix pliures à intervalles réguliers le long du bord supérieur de telle sorte que la largeur totale du rideau soit la même que celle de la cantonnière. Faufilez et cousez en place à la machine à 1 cm du bord supérieur.

5 Épinglez le côté tissu de la cantonnière au côté doublure des plis du rideau, le long des bords non finis. Cousez à la machine, puis surfilez

la couture. Retournez puis cousez ensemble à points de surjet les bords de cantonnière et ceux du rideau à 2 cm de cette couture.

6 Cousez dix anneaux pour rideaux à intervalles réguliers sur le haut de la couture en vous servant de fil à boutonnière. Marquez quinze points régulièrement espacés sur le bas de la cantonnière et cousez solidement un gland sur chacun d'eux.

Confectionnez le deuxième rideau de la même manière en veillant à poser la frange sur le bord avant.

tissu & matériel

Tissu rayé
Doublure unie, de la même largeur
Frange triangulaire en toile de jute
30 glands en ficelle
20 grands anneaux à coudre
Fil à boutonnière
Nécessaire à couture

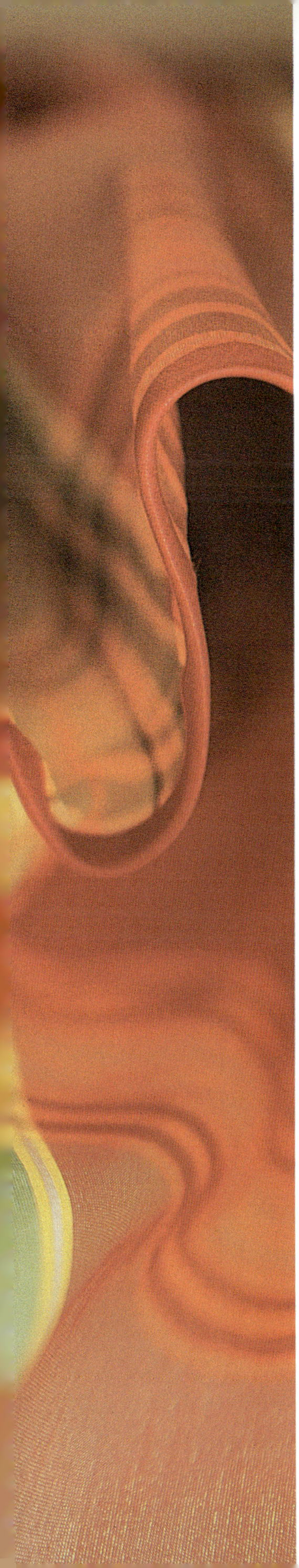

rideaux fixes en taffetas

Ces rideaux en soie à motifs écossais non doublés ont des têtes fixes, mais peuvent s'écarter grâce à une rangée d'anneaux cousus en diagonale dans laquelle on a passé une cordelette pour obtenir un drapé à l'italienne. Ce système fonctionne bien avec les tissus légers et la soie, qui se soulèvent aisément. La tringle, quant à elle, est dissimulée derrière une petite cantonnière froncée posée sur un bandeau en bois.

rideaux fixes en taffetas

Bien que ces rideaux en taffetas soient assez imposants, ils conviennent très bien à une fenêtre modeste. Ce système avec les cordelettes oblige à garder le haut du rideau fermé, mais permet d'en écarter les pans.

1 Agrafez le côté à barbules de la bande velcro sur la face interne du bandeau, à 1 cm environ du bas. Fixez les pitons sur le dessous du bandeau, tous les 10 cm et suivant une ligne droite, les deux du milieu se chevauchant. Ajoutez-en un juste à l'intérieur de chaque coin arrière, qui tiendra la cordelette. Posez le bandeau environ 5 cm en retrait de l'avancée intérieure de la galerie et fixez le tout au mur. Vissez un taquet de chaque côté de la fenêtre.

2 La cantonnière est constituée de trois lés de taffetas de soie. Pour calculer la longueur nécessaire, ajoutez 4 cm à la profondeur requise ainsi que la hauteur d'un motif pour la correspondance des carreaux sur les deux rideaux. Surfilez les bords non finis, puis assemblez les pièces de soie à la machine en veillant au bon raccord des motifs (voir p. 181). Ouvrez les coutures au fer. Pour éviter de faire des accrocs sur ce tissu délicat, équipez votre machine à coudre d'une aiguille neuve et servez-vous d'un pied en téflon si vous en avez un. Vous pouvez coudre à travers du papier de soie pour protéger le tissu.

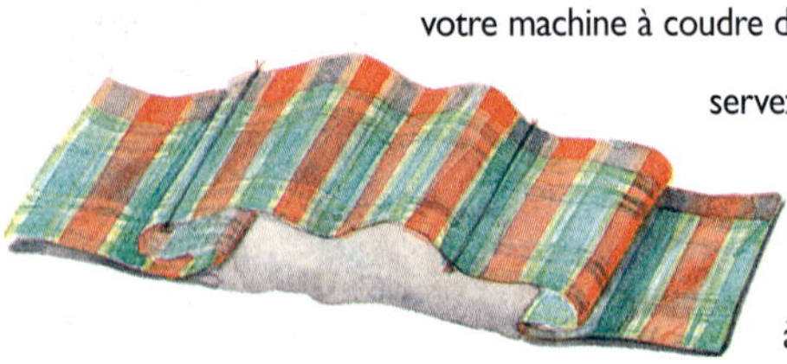

3 Épinglez, faufilez et piquez à la machine sur la bordure le biais endroit contre endroit sur les côtés et le bord inférieur de la cantonnière, en formant un petit onglet à chaque coin. Retournez le biais pour emprisonner le bord non fini, faites des onglets dans les coins puis épinglez, faufilez et cousez au point coulé (voir p. 183) sur l'envers avant de repasser.

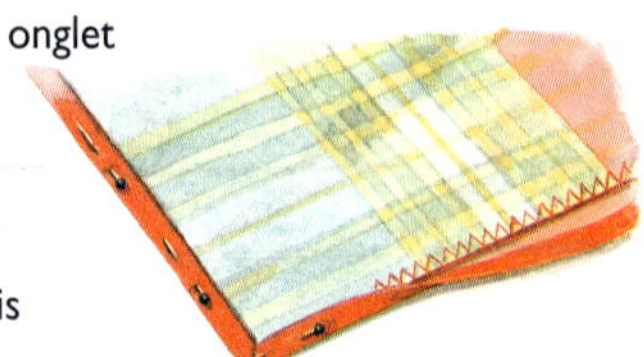

4 Enfilez sur une aiguille à chas assez gros une bonne longueur de ficelle forte et passez un fil de fronces (voir p. 183) à 2 cm du haut de la cantonnière. Faites une deuxième couture parallèle 1 cm plus bas, en vous assurant que les points sont bien alignés. Nouez ensemble les ficelles à une extrémité et tirez dessus depuis l'autre extrémité jusqu'à ce que la cantonnière soit de la même longueur que le côté bouclé de la bande velcro. Nouez solidement les extrémités et coupez l'excédent, puis disposez les plis de manière harmonieuse.

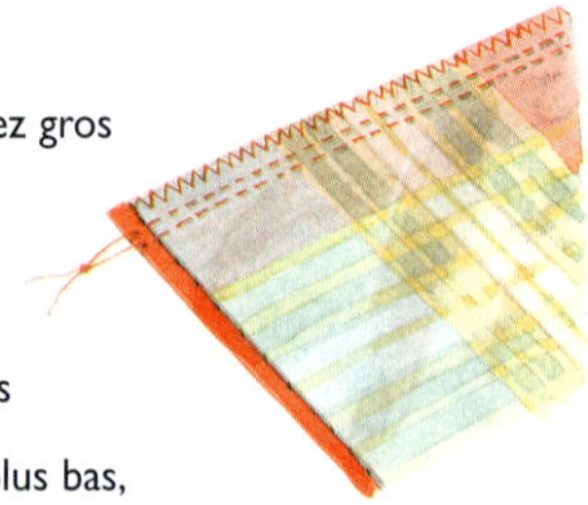

5 Épinglez, faufilez et cousez à la main le ruban fronceur sur le devant de la cantonnière, en couvrant les fronces. Fixez la cantonnière au bandeau.

6 Un rideau nécessite un lé et demi de tissu. Ajoutez pour déterminer sa longueur 37,5 cm à celle requise, plus toute répétition de motif. Surfilez les bords non finis et épinglez endroit contre endroit, puis faufilez et piquez le demi-lé à la machine au bord extérieur du lé entier. Faites un ourlet double de 2 cm le long de chaque hauteur en repassant un rabat de 4 cm et en le rouvrant pour replier le bord non fini contre la pliure. Reformez le premier pli puis épinglez, faufilez et cousez au point coulé. Repassez.

7 De la même manière, pliez et cousez un ourlet double de 15 cm le long du bord inférieur du rideau, en le lestant avec un ruban plombé

que vous enfermerez de chaque côté par une couture (voir p. 181), avant de terminer de le coudre au point de chausson (voir p. 183).

8 Repassez un rabat de 1,5 cm le long du bord supérieur du rideau, puis repassez un nouveau rabat de 6 cm. Épinglez, faufilez et piquez le ruban fronceur à la machine de manière à emprisonner le

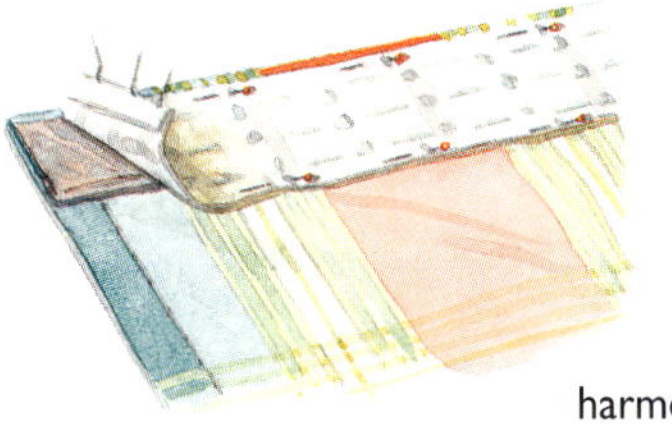

rabat. Tirez sur les cordelettes du ruban pour donner au rideau la largeur voulue et bloquez avec un nœud (p. 182). Arrangez harmonieusement les plis, puis insérez les agrafes tous les 8 cm.

9 Disposez le rideau à plat sur une table, endroit vers le haut. En partant des deux cinquièmes de sa longueur depuis le coin supérieur du bord conducteur, cousez le premier anneau à 15 cm du bord. Cousez trois autres anneaux à intervalles réguliers, suivant une ligne à 45 degrés par rapport au bord opposé et s'arrêtant juste sous la couture faite sur le demi-lé.

10 Nouez solidement un bout de la ficelle au premier anneau en bloquant avec quelques points, et passez l'autre extrémité dans les anneaux restants. Nouez-la à l'anneau supérieur pour qu'elle reste en place le temps que vous élaboriez les plis, mais de manière à pouvoir la détacher facilement.

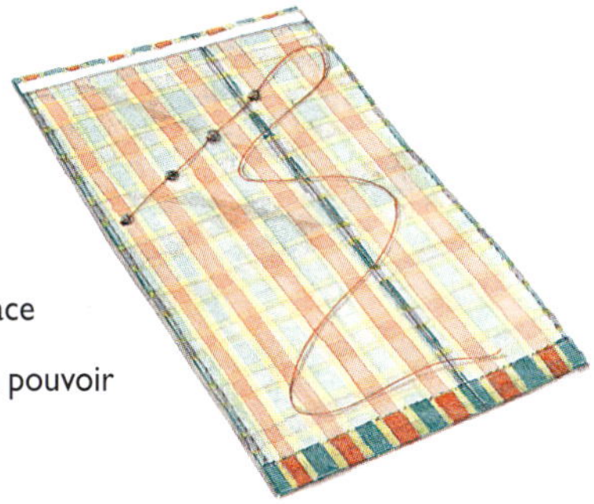

11 Confectionnez le deuxième rideau de la même manière, en vérifiant que le motif correspond sur les deux rideaux et en inversant l'emplacement du bord avant. Suspendez les deux rideaux dans la galerie en faisant passer les extrémités libres des ficelles sur le piton fixé dans le coin. Tirez sur les ficelles pour plisser les rideaux et arrêtez-les sur les taquets.

tissu & matériel

Taffetas de soie
Bande velcro de la largeur de la cantonnière finie
Biais assorti
Ruban fronceur de 75 mm
Ruban plombé
Bandeau décoratif
Galerie de 75 x 25 mm pour fixer le bandeau
Pitons et agrafes à rideaux
Deux taquets avec vis de fixation
Tournevis
Huit anneaux à coudre et une cordelette
Fil à boutonnière ou ficelle forte
Agrafeuse
Nécessaire à couture

store à plis creux

Sur cette fenêtre imposante, un store paquet classique (communément appelé store bateau) paraîtrait trop lourd et trop structuré, aussi la variante proposée ici constitue-t-elle une solution de rechange intéressante. Les grands plis creux qui ont été ajoutés aident à casser les lignes horizontales et permettent d'obtenir un traitement beaucoup plus doux. Un ruban de velours posé sur son pourtour apporte en outre un petit côté douillet.

store à plis creux

La structure de ce store est la même que celle d'un store paquet (comme les stores bateau mais sans raidisseurs), à l'exception des plis creux qui lui confèrent un aspect moins géométrique. Le modèle présenté ici mesure 150 cm de large sur 220 cm de long. Les plis creux et l'envers du store sont confectionnés dans un tissu uni. L' endroit et l'envers sont confectionnés séparément, puis on les coud ensemble comme une poche avant de la retourner. Pour bien réussir ce type de store, il faut être attentif aux raccords de motifs entre les panneaux frontaux.

1 Découpez le panneau central dans le tissu imprimé (celui-ci mesure 80 cm de large). Il doit être plus long que le store de 3 cm, et plus large de 3 cm également. Repassez un rabat de 1,5 cm le long des deux hauteurs. Découpez deux pièces latérales, qui doivent en comptant des ourlets latéraux de 1,5 cm faire 35 cm de large et prolonger le motif du panneau central. Elles doivent avoir la même longueur que le panneau

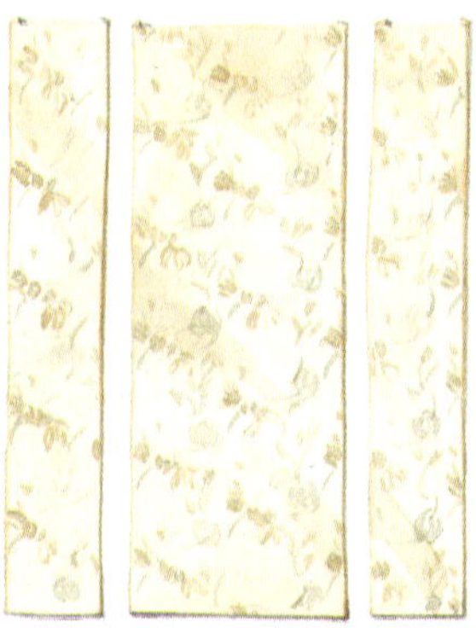

central. Pour confectionner les plis creux, découpez deux pièces du tissu uni de la même longueur que les autres pièces, et d'environ 42 cm de large. Délimitez avec une épingle le milieu des bords supérieur et inférieur.

2 Disposez le panneau central endroit vers le haut sur une table, coutures latérales ouvertes. Disposez l'une des pièces de tissu uni, envers vers le haut, sur la partie haute du panneau central et alignez-la sur le côté droit. Épinglez et faufilez ensemble à 1,5 cm du bord avant de coudre.

3 Rouvrez et disposez l'ouvrage endroit vers le haut. Disposez la pièce latérale droite de tissu imprimé, envers vers le haut, contre le bord de la pièce unie. Épinglez, faufilez et cousez ensemble à 1,5 cm des bords. Assemblez la deuxième pièce de tissu uni au côté gauche du panneau central en suivant l'étape 2. Rouvrez et disposez la pièce latérale gauche de tissu imprimé, envers vers le haut, contre le bord de la pièce de tissu uni. Épinglez, faufilez et cousez à 1,5 cm des bords.

4 Repassez les quatre coutures envers vers le haut pour raidir les plis creux.

5 Rapprochez les hauteurs du panneau central et du panneau de droite et alignez-les sur les deux points marqués par les épingles sur le tissu uni. Repliez le tissu uni de chaque côté pour former un pli rentré et repassez. Répétez l'opération pour faire le pli creux de gauche. Épinglez ensemble les bords supérieur et inférieur des deux plis et faufilez. Cousez à la machine à 1 cm des bords en prenant toutes les épaisseurs.

6 Découpez une pièce de tissu uni de la même taille que le store à plis creux. Déposez le store sur une table, endroit vers le haut, et déposez la doublure dessus, envers vers le haut. Faufilez sur les quatre côtés. Cousez à la machine en ménageant un espace de 30 cm au milieu du bord inférieur. Retournez l'endroit vers l'extérieur, fermez l'ouverture en cousant soigneusement des petits points la main et repassez.

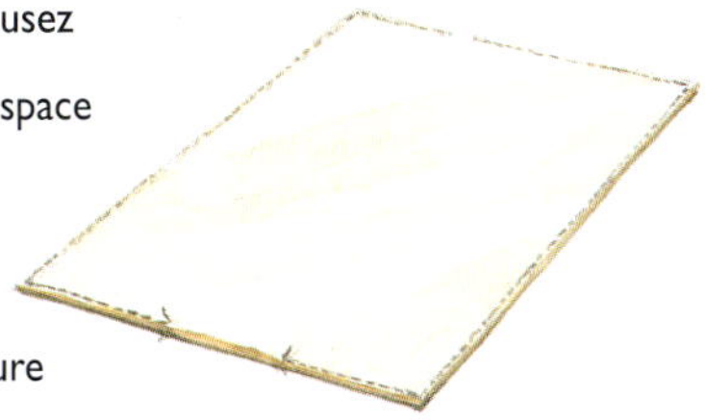

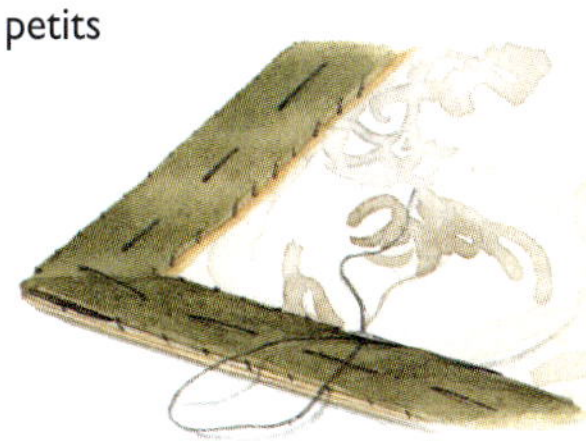

7 Faufilez, puis cousez à la main le ruban en velours sur les deux hauteurs et le bord inférieur du store.

8 Cousez cinq rangées de quatre anneaux sur le dos du store en les alignant sur le centre des plis. 50 cm plus haut, cousez-en quatre autres en veillant à prendre les deux côtés du pli sur les deux anneaux du milieu, car cela influera sur la bonne tenue du store. Cousez trois rangs supplémentaires, à 50 cm d'intervalle.

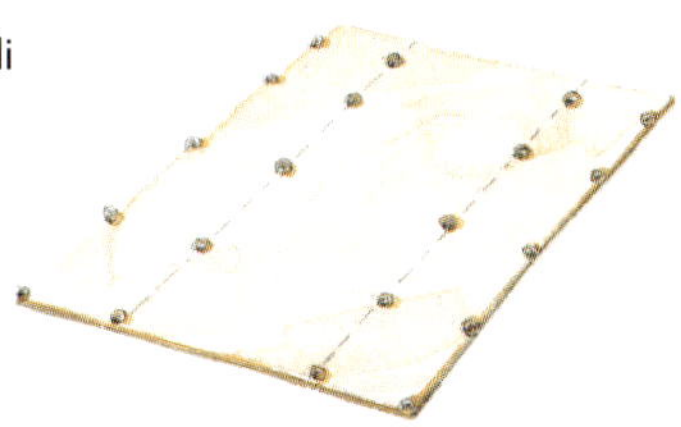

9 Découpez un morceau de bande velcro aussi large que le store. Séparez-en les deux côtés et cousez à la main le côté à barbules au dos du store, à un demi-centimètre du bord supérieur.

10 Tapissez le bandeau de tissu uni et fixez le côté à barbules de la bande velcro sur sa partie frontale à l'aide d'une agrafeuse. Fixez quatre pitons sur sa base en les alignant sur les rangées d'anneaux. Pour terminer le store, fixez le bandeau et suivez les instructions p. 179 pour enfiler les cordelettes.

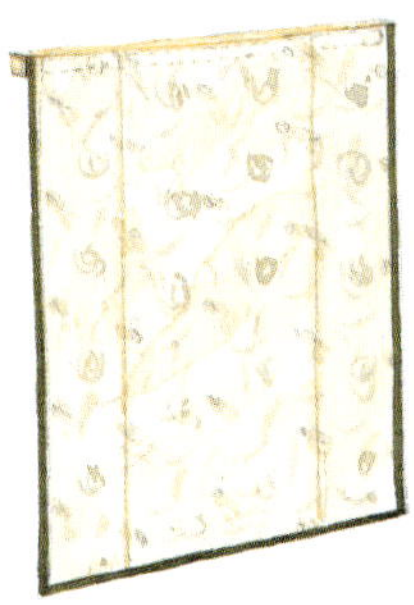

tissu & matériel

Tissu imprimé
Tissu uni pour les plis creux et pour doubler le store
Ruban en velours
Bande velcro
Bandeau en bois de la largeur du store
Quatre pitons
Anneaux à coudre
Cordelette pour store
Taquet avec vis de fixation
Agrafeuse
Nécessaire à couture

rideau réversible

Cette porte qui fait communiquer la pièce directement avec l'extérieur s'est vue agrémenter d'un rideau composé de deux tissus qui vont bien ensemble et le rendent aussi beau sur l'envers que sur l'endroit. Une embrasse unique et réversible permet de retenir le rideau lorsqu'on l'ouvre.

rideau réversible

Le mode de suspension bien pratique des pattes boutonnées implique que l'on peut accrocher et décrocher très facilement le rideau, et donc le retourner si on le souhaite. Comme ici le rideau bute dans le mur, on a disposé sur la barre en bois des embouts à disque très plats. Une épaisse doublure en coton est intercalée entre les tissus, permettant de mieux isoler des courants d'air. Le rideau est composé d'un seul lé de tissu, il convient donc de vous assurer d'en choisir un de largeur suffisante.

1 Le lin, le tissu à carreaux et le tissu de doublure doivent tous être de même largeur : égalisez aux ciseaux si cela est nécessaire. Coupez une pièce du tissu en lin brodé et du tissu à carreaux en rajoutant 13 cm à la longueur requise. Coupez la doublure en rajoutant 3 cm à la longueur requise.

2 Disposez le tissu à carreaux et celui en lin endroit contre endroit sur une surface plane, lin au-dessus. Posez la doublure dessus en alignant les bords supérieurs et latéraux. Épinglez et faufilez ces bords ensemble, puis cousez à la machine en laissant 3 cm pour la couture. Coupez les coins supérieurs.

3 Pliez et repassez un rabat de 1 cm sur le bord supérieur, puis rabattez un nouvel ourlet de 9 cm en incorporant la doublure et le lin. Épinglez, faufilez et cousez le tissu à carreaux au point de chausson (voir p. 183). Retournez pour faire ressortir l'endroit et repassez.

4 Recouvrez les boutons avec le tissu à carreaux en suivant les instructions du fabricant. Marquez sept points à intervalles réguliers le long du haut du rideau, à 3,5 cm des bords et à 3 cm du haut. Cousez deux boutons sur chaque point, un de chaque côté du rideau.

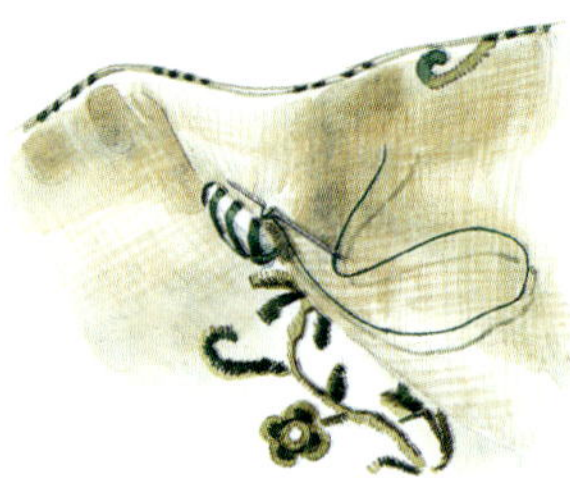

5 Pour chacune des sept pattes, découpez en plein biais une bande de tissu à carreaux de 10 cm x 36 cm pour l'arrière et une bande de lin non brodé de 8 cm x 34 cm pour l'avant. Repassez et faufilez un rabat de 1,5 cm sur les quatre côtés d'une bande à carreaux, en formant des onglets dans les coins. Repassez un rabat de 1,5 cm sur les deux longueurs d'une bande de lin, puis sur les largeurs, sans faire d'onglets. Faufilez.

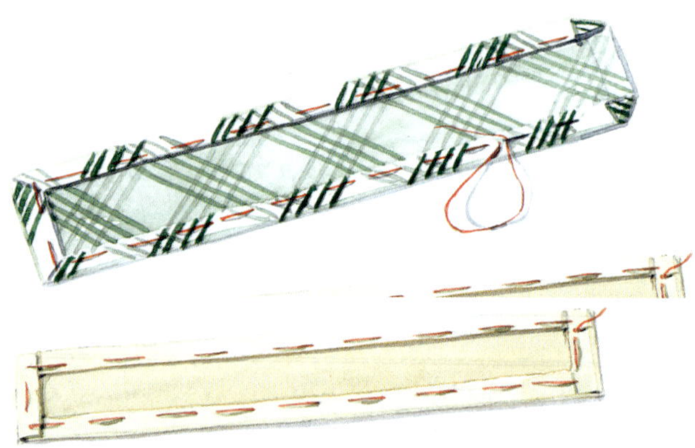

tissu & matériel

Lin brodé

Tissu à carreaux

Doublure épaisse

Entoilage

Kit de 14 boutons de 2,5 cm à recouvrir

Crochets pour l'embrasse

Aiguille à tricoter

Nécessaire à couture

6 Disposez l'arrière et l'avant envers contre envers en centrant bien la bande de lin. Épinglez, faufilez et cousez à la machine près du bord du lin. Répétez l'opération pour les six autres pattes. Confectionnez deux boutonnières à la main ou à la machine au centre de chaque patte, espacées de 8 cm, et boutonnez-les sur les boutons recouverts de tissu.

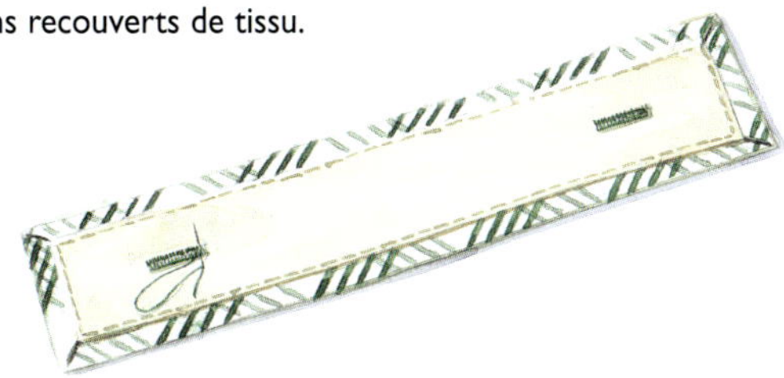

... l'embrasse

7 Pour confectionner l'embrasse, coupez dans le plein biais du tissu à carreaux une bande de 22 cm x 75 cm pour la partie arrière. Positionnez une pièce d'entoilage de 18 cm x 71 cm au centre sur l'envers et repliez par-dessus les bords non finis du tissu à carreaux, en formant des onglets aux coins. Épinglez et faufilez à 1 cm des bords. Découpez une bande de lin de 9 cm x 72 cm pour l'avant. Repliez et repassez des rabats de 1,5 cm comme pour les pattes puis, l'endroit vers le haut, disposez le lin au centre de l'entoilage. Épinglez ensemble le devant et l'arrière en partant du centre pour aller vers l'extérieur. Faufilez et cousez à la machine toutes les épaisseurs, près du bord du tissu en lin.

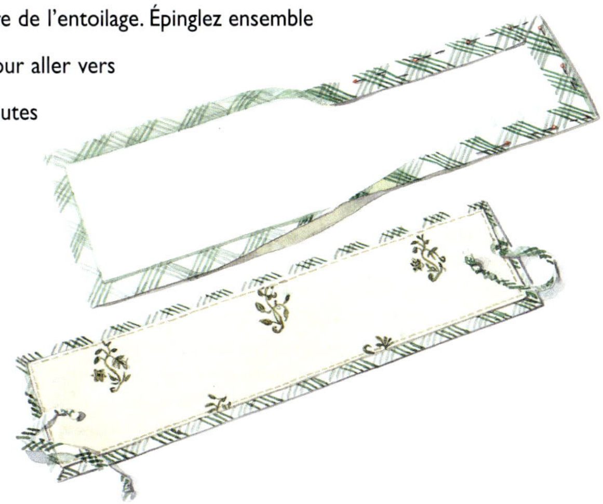

8 Pour les petits liens, découpez deux étroites bandes du tissu à carreaux de 5 cm x 34 cm. Pour chaque lien, repliez les longueurs ensemble, endroit contre endroit, puis épinglez, faufilez et cousez à la machine un ourlet d'un demi-centimètre sur la longueur et une largeur. Retournez l'endroit du tissu vers l'extérieur à l'aide d'une aiguille à tricoter, repassez et faites un nœud à 2 cm de chaque extrémité. Fermez l'extrémité ouverte à la main et cousez au milieu sur l'arrière de l'embrasse, à 3 cm des bords.

9 Suspendez le rideau à la fenêtre. Vissez le crochet dans le mur et nouez l'embrasse dessus à l'aide des liens.

style rustique

Le style rustique représente l'antidote idéal contre une vie stressante. Un intérieur rustique moderne est constitué de choses simples mais confortables : du linge de maison à l'ancienne, des bouquets de fleurs des champs et des pièces de caractère. Ce style est tout aussi approprié en ville qu'à la campagne et se révèle à la fois facile et décontracté. Ce chapitre aborde des traitements de fenêtres qui sortent un peu de l'ordinaire, tels qu'un rideau composé de rubans et de perles, pour vous inciter à plus regarder autour de vous et à utiliser ce que vous pouvez avoir sous la main. Ainsi, une vieille couverture usée va vivre une seconde jeunesse recyclée en habillage de fenêtre, un vichy intemporel en coton composera une ravissante paire de rideaux avec une cantonnière joliment incurvée, et un ruban en vichy rouge bordera joliment un organdi d'un blanc éclatant. Un drap ancien en lin doté d'un monogramme peut également faire un beau rideau, et dans une buanderie des stores vert et blanc apporteront une agréable touche de fraîcheur. Osez jouer avec les couleurs et les motifs, mais faites-le pour donner plus de vie à une pièce, pas simplement en soi.

Des idées astucieuses et chaleureuses : le style rustique, c'est une façon de donner une âme à une maison sans s'éloigner du maître mot : simplicité.

store aux sequins

Il serait bien dommage de dissimuler derrière des rideaux cette jolie fenêtre étroite et son encadrement ravissant. On a donc choisi d'y apposer un store non doublé constitué de petits plis un peu lâches et qui couvre simplement le cadre de la fenêtre. Le tissu en coton tissé a un aspect aussi frais vu de l'extérieur que de l'intérieur, et la bordure de petites fleurs qui y a été rajoutée lui apporte une petite touche de fantaisie et d'éclat.

store aux sequins

Les stores plissés non doublés conviennent très bien en soi pour un traitement de fenêtre minimal, mais ils peuvent aussi se concevoir en complément de rideaux. Si vous utilisez un tissu tissé tel que celui-ci, il rendra également très bien vu de l'extérieur. Un lin ou un coton assez rugueux se prêteront bien à ce type de store, car les plis, formés au fer, resteront alors bien en forme. Comme ils sont très petits, ils paraissent ainsi plus nets. Évitez cependant ce traitement pour une fenêtre très large, car les plis risqueraient alors de s'affaisser ; optez plutôt pour un store bateau muni de raidisseurs en bois.

1 Repassez le lin et découpez une pièce de la taille du store requis, en rajoutant 5 cm dans la longueur et 4 cm dans la largeur pour les ourlets. Rajoutez également un demi-centimètre supplémentaire pour chaque pli, ainsi qu'un peu de tissu en plus entre le dernier pli et la bordure inférieure. Disposez le lin, envers vers le haut, sur une surface plane. Faites un rentré de 2 cm sur chaque hauteur. Repassez, puis rouvrez et repliez en deux pour former un ourlet double de 1 cm. Repassez de nouveau, puis épinglez, faufilez et piquez à la machine. Formez un ourlet de 3 cm sur le bord inférieur en procédant de la même manière, mais n'en fermez pas les extrémités à la machine, car il forme le fourreau dans lequel on glissera la baguette.

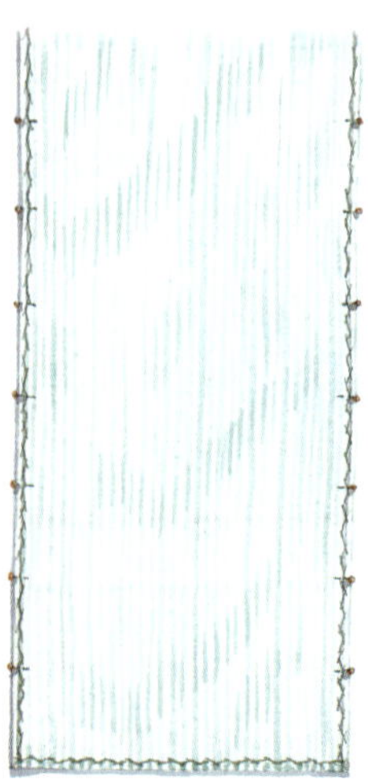

2 Pour trouver l'emplacement du premier pli, remontez de 24 cm en partant de chaque coin inférieur et marquez un repère en piquant une épingle sur chaque côté. Définissez l'emplacement des autres plis en divisant de manière égale le reste du store en sections d'environ 20 cm. Délimitez chaque pli avec une épingle piquée sur chacun des côtés, en partant à chaque fois des coins inférieurs pour vos mesures de manière à obtenir des lignes bien droites.

3 Formez le premier pli sur l'endroit du store. Repassez-le bien après l'avoir amidonné avec une bombe d'apprêt pour tissu, puis cousez-le à la machine à 0,5 cm du bord.

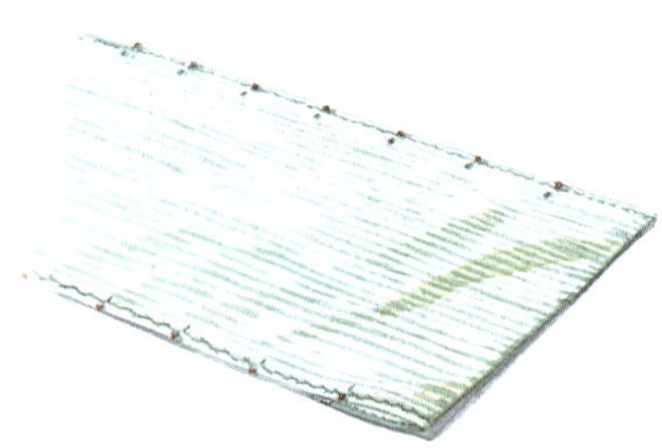

4 Retournez le store endroit vers le haut, et repassez un pli amidonné au niveau du premier repère à 20 cm. Retournez le store à l'envers, puis repliez et repassez le pli suivant comme dans l'étape 3. Continuez à repasser les plis en remontant vers le haut du store, en veillant à ce qu'ils soient bien nets et droits.

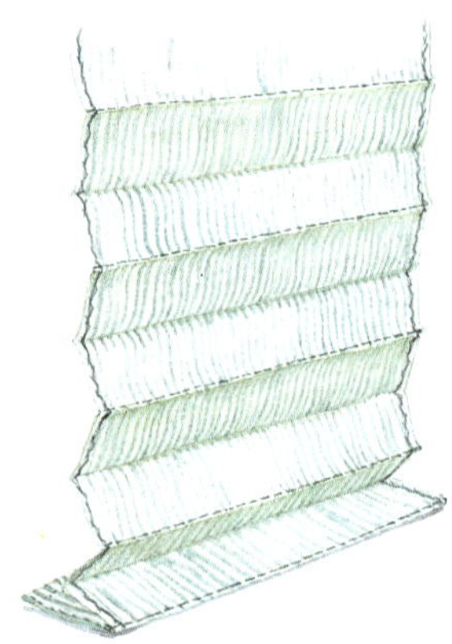

5 Cousez deux anneaux sur l'envers du premier pli à 12 ou 14 cm des bords. Continuez à coudre des anneaux sur l'arrière de chaque pli, qui doivent tous s'aligner.

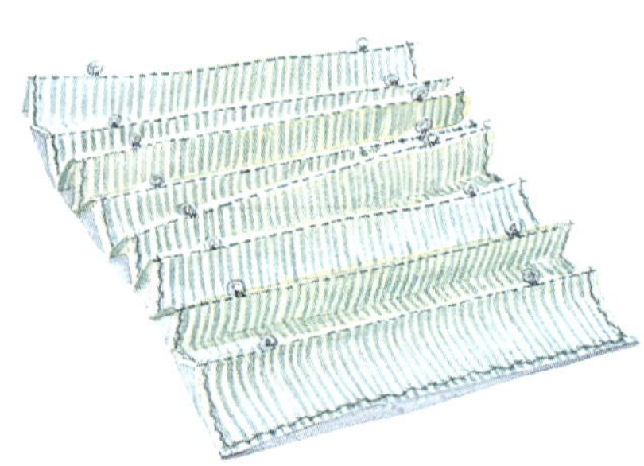

6 Glissez la baguette dans la poche restée ouverte sur le bas et refermez celle-ci en la cousant à la main. Cousez la bordure garnie de petites fleurs sur le bord inférieur du store. Percez deux trous sur l'avant de la galerie pour l'y fixer. Tapissez la galerie de lin à l'aide de l'agrafeuse et servez-vous du poinçon pour percer le tissu devant les des trous. Fixez les deux pitons sur le bord inférieur, à équidistance des bords et des anneaux. Vérifiez que la longueur du store convient en l'appliquant contre la fenêtre, et raccourcissez-la si cela est nécessaire. Agrafez le haut du store sur la galerie en repliant le bord non fini sur l'arrière.

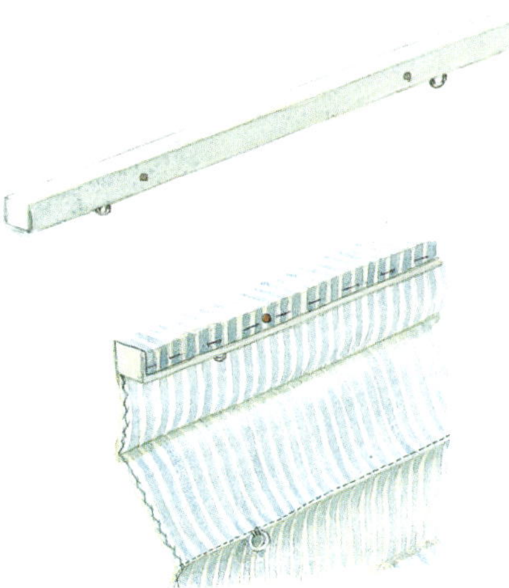

Pour fixer la cordelette sur le store, suivez les instructions fournies p. 179.

tissu & matériel

Lin

Bordure toute prête garnie de petites fleurs

Baguette fine en bois mesurant la largeur du store

Galerie en bois mesurant la largeur du store, avec deux pitons

Anneaux à coudre et cordelette

Taquet avec vis de fixation

Bombe d'apprêt

Agrafeuse

Perceuse et poinçon

Nécessaire à couture

rideaux festonnés

Pour des fenêtres profondément enfoncées dans leur embrasure, les tringles pivotantes sont parfaites, car elles peuvent être repoussées complètement sur l'arrière pour laisser passer un maximum de lumière, basculées contre les vitres pour se protéger des regards, ou encore ouvertes à moitié pour bénéficier un peu des deux à la fois. Les rideaux, ornés de petits festons, sont en coton rayé blanc et rouge d'un côté, et doublés d'un joli motif floral de l'autre.

rideaux festonnés

Les tringles pivotantes sont utiles dans bien des cas, notamment dans les greniers ou pour les fenêtres et portes qui s'ouvrent vers l'intérieur et nécessitent donc un traitement individuel pour chaque battant. Faciles à poser, ils requièrent très peu d'espace et, du fait qu'ils se rabattent complètement si l'on n'en a pas l'utilité, savent se faire très discrets.

On a froncé la tête des rideaux en resserrant bien le tissu au niveau de la coulisse. Des fronces dépassent dans le haut, renforçant le côté très frais de l'ensemble. La confection des festons exige quelques efforts, notamment parce qu'il faut bien aligner les rayures, mais le résultat en vaut largement la peine. Il est indispensable de préparer un gabarit pour les festons, ainsi que d'utiliser des tissus de même densité pour que le rideau ne risque pas de se retrouver déformé au lavage.

1 Pour un rideau, découpez une pièce du tissu à motif floral ainsi qu'une pièce du tissu rayé selon la taille requise, en prévoyant 3 cm de plus sur la longueur totale pour les coutures ainsi que 3 cm sur la largeur.

2 Pour déterminer la taille des festons, divisez la longueur totale du rideau par le nombre souhaité. Fabriquez un gabarit circulaire en carton en vous basant sur cette mesure pour le diamètre, puis tracez une ligne au centre. (À titre indicatif, un rideau de 120 cm nécessite 20 festons larges de 6 cm).

3 Déposez les deux pièces de tissu endroit contre endroit sur une surface plane. En partant à 2 cm du coin supérieur, tracez à l'aide d'une craie de tailleur et d'une règle une ligne espacée du bord de la largeur d'un rayon plus 1 cm, puis faites de même le long du bord inférieur.
En faisant correspondre cette ligne et celle du diamètre sur le gabarit, dessinez une série de demi-cercles le long de ces deux bords. Épinglez, faufilez et cousez ensemble ces deux côtés, en prévoyant 1 cm pour les rentrés, puis assemblez le côté non marqué à l'aide d'une couture de 2 cm.

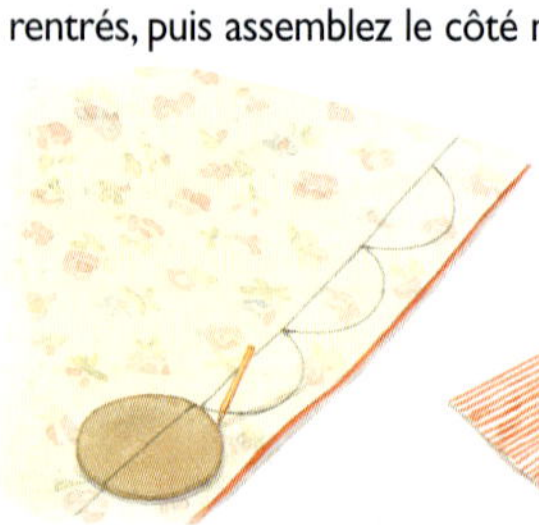

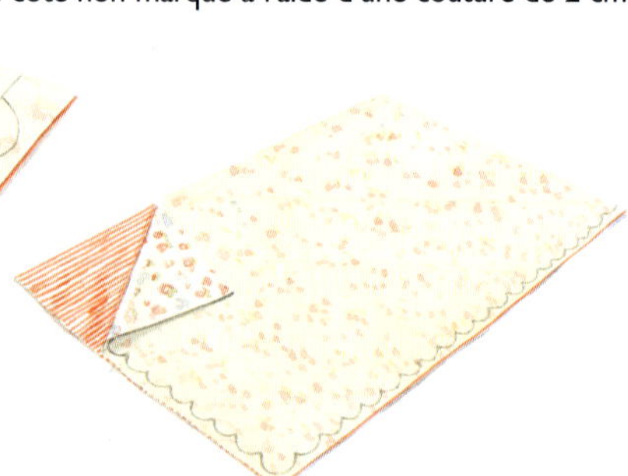

4 Coupez le tissu en excès autour des festons, en crantant les rentrés pour qu'ils restent plats. Retournez l'endroit vers l'extérieur. Pour obtenir des arrondis parfaits, lissez chaque feston entre le pouce et l'index et faufilez avec des petits points avant de repasser. Repassez un rabat de 1 cm sur le bord supérieur du rideau puis épinglez, faufilez et cousez à la machine.

5 Pour confectionner la tête manchon, découpez pour le fourreau une bande de tissu à fleurs de la largeur du rideau plus 2 cm,et dont la largeur correspond à la circonférence de la tringle, plus 1 cm pour la couture. Repassez un rabat de 1 cm à chaque extrémité et cousez, puis repassez un ourlet de 0,5 cm le long de chaque longueur.

6 Tracez une ligne à la craie sur l'envers du rideau, à 2 cm du haut. L'endroit du rideau vers le haut, épinglez et faufilez le bord

supérieur du fourreau le long de la ligne, puis épinglez et faufilez le bord inférieur au rideau. Cousez les deux côtés à la machine, près du pli. Enfilez la tête manchon sur la tringle en plaçant le bord festonné vers l'extérieur et en formant des plis harmonieux sur la tête. Confectionnez le deuxième rideau de la même manière, mais en disposant les festons sur le côté opposé.

tissu & matériel

Tissu à motif floral

Tissu rayé

Deux tringles pivotantes

Carton pour faire le gabarit

Compas

Longue règle

Nécessaire à couture

rideau matelassé

Pour un traitement de fenêtre rapide et efficace, pourquoi ne pas confectionner un « rideau-cantonnière » ? Celui-ci encadrera joliment la vue ou viendra simplement adoucir une fenêtre. On a transformé pour l'occasion une vieille couverture matelassée en la bordant simplement d'un croquet et en la fronçant sur une tringle extensible.

rideau matelassé

L'épaisseur de la couverture ouatée dispense ce rideau d'une doublure. Une petite coulisse, cousue sur l'envers, sera ensuite glissée sur une tringle extensible ou sur un câble. Sachez que la plupart de vos vieilles couvertures vous permettront de réussir ce rideau tout aussi bien que celle-ci.

1 Relevez les mesures de votre fenêtre et définissez à l'aide d'une craie de tailleur et d'une règle la forme de votre rideau de manière à ce que les deux côtés soient de même largeur et que la profondeur de la « cantonnière » soit correctement proportionnée par rapport aux panneaux latéraux. L'espace au centre doit être suffisant pour laisser passer assez de lumière sans que le rideau perde de son impact. Vous pouvez aussi si vous préférez déterminer la forme du rideau en découpant un premier exemplaire dans un tissu en calicot que vous épinglerez à votre fenêtre.

2 Découpez l'espace central et surfilez tous les bords non finis. Disposez le rideau envers vers le haut, épinglez, faufilez et cousez à la machine des ourlets de 1 cm sur tous les bords qui doivent être finis, en crantant et dégarnissant les angles pour éviter les épaisseurs.

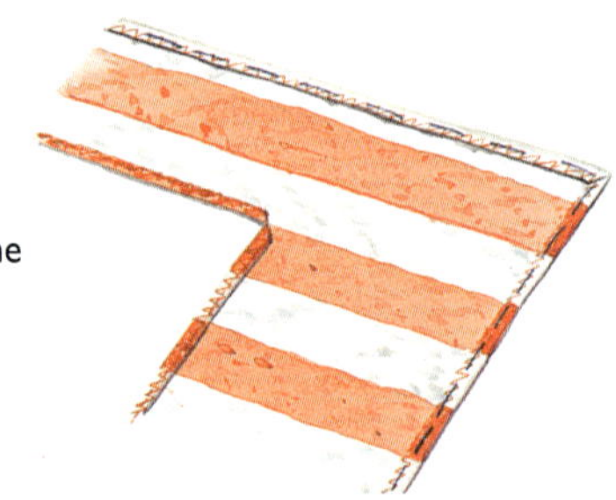

3 Sur l'envers du rideau, épinglez, faufilez et cousez à la machine le croquet le long des bords supérieur, inférieur et latéraux en ne laissant dépasser sur l'endroit que la moitié des dents.

4 Pour confectionner le fourreau qu'on enfilera sur la tringle, découpez une bande de tissu uni 2 cm plus large que la circonférence de la tringle, et plus longue de 2 cm que la largeur du rideau pour les rentrés. Repassez un rabat d'un demi-centimètre sur chaque longueur, puis repassez et cousez à la machine des ourlets de 1 cm sur chaque extrémité. Épinglez, bâtissez puis piquez le fourreau à 3 cm du haut du rideau. Si le rideau doit être suspendu sur un câble, le fourreau peut être plus étroit.

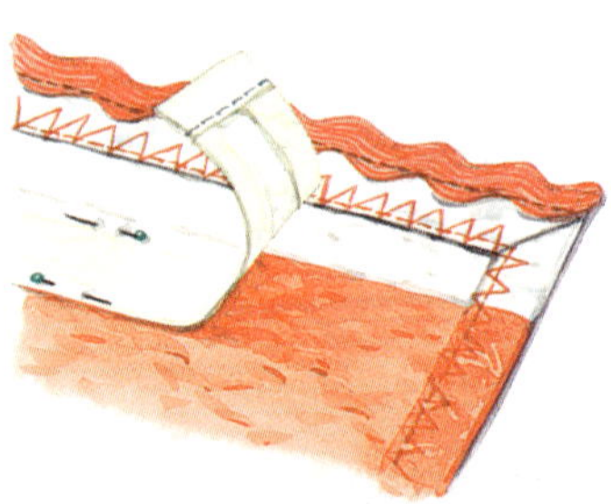

tissu & matériel

Une vieille couverture

Tissu en coton uni

Croquet

Tringle extensible ou câble

Longue règle

Nécessaire à couture

simple jeté

Dans cette salle de bains exposée au nord, ce jeté en soie apporte une note de finesse et d'élégance. Il sert également à camoufler le mécanisme à enrouleur d'un store que l'on peut abaisser pour plus d'intimité. La frange à petits pompons rouges aide à délimiter l'arrondi du jeté et apporte une touche colorée à l'ensemble.

simple jeté

Ce jeté très simple est composé d'un seul lé de tissu, disposé latéralement pour ne pas avoir à faire d'assemblages. Pour obtenir un tombé élégant, mieux vaut utiliser un tissu souple et malléable tel que la soie grège. Les extrémités du jeté tombent jusqu'à la moitié de sa profondeur, ce qui met bien en valeur l'arrondi.

1 Découpez un lé de tissu mesurant en longueur la largeur de l'embrasure plus les deux longueurs des tombers. Repassez aux deux extrémités du panneau en soie deux rabats de 1 cm pour former un ourlet double. Faufilez et piquez à la machine. La soie possède une lisière tissée serrée qui risque peu de s'effilocher et ne nécessite pas d'ourlet, mais si votre tissu paraît avoir des bords non finis renforcez-les avec un petit ourlet.

2 Épinglez la frange à pompons sur l'endroit du tissu, sur un côté long. Alignez la lisière de la frange sur celle du tissu de manière à ce que les pompons pendent librement dessus. Faufilez et cousez à la machine.

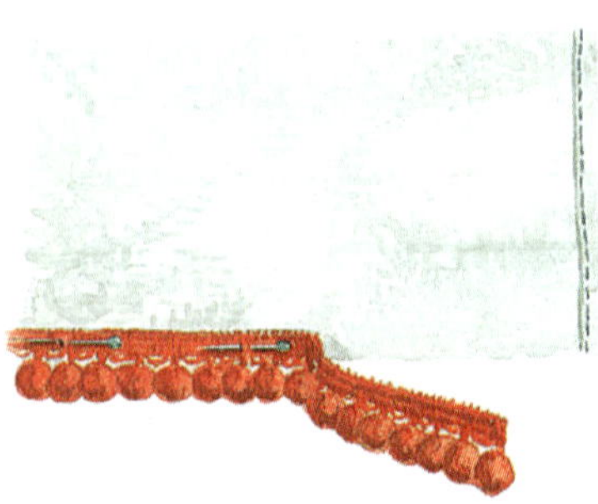

3 Pour les attaches, découpez deux bandelettes de soie de 10 cm de large et de 50 cm de long. Repliez-en une en deux dans le sens de la longueur, endroit contre endroit. Faufilez et piquez à la machine sur la longueur et sur la largeur, à 1 cm du bord. Retournez l'intérieur vers l'extérieur en vous aidant du manche d'une cuiller en bois. Cousez à la main l'extrémité ouverte et repassez. Procédez de la même manière pour la seconde attache.

4 Fixez le jeté directement sur le haut de l'embrasure de la fenêtre. Repliez le bord uni du tissu en deux et marquez le centre avec une épingle. Agrafez ce point au milieu de la partie supérieure de l'encadrement et agrafez jusqu'à chacun des coins. Remontez le tissu qui pend en formant des plis nets sur un côté, et nouez solidement avec une ficelle. Procédez de même sur l'autre côté.

5 Nouez les attaches par-dessus les ficelles, et faites un nœud sur le haut avant de le faire pivoter sur l'arrière du jeté. Enfoncez avec un marteau un petit clou pour maintenir chaque lien en place et les empêcher de glisser vers le bas.

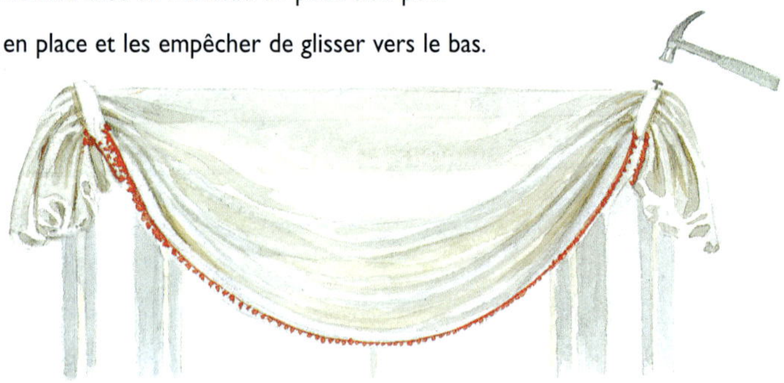

tissu & matériel

Lé de soie grège, mesurant deux fois la largeur de l'embrasure de la fenêtre, en en comptant un peu plus pour les attaches

Frange à pompons de la même longueur que le tissu

Ficelle

Agrafeuse

Marteau et deux petits clous

Cuiller en bois

Nécessaire à couture

rideaux à fleurs

On a choisi pour ces rideaux de style classique un imprimé fleuri très gai en coton. Un biais rouge contrastant souligne les bordures et donne de l'allure à l'ensemble, et la tête froncée est mise en forme par un ruban fronceur.

rideaux à fleurs

Chacun de ces rideaux nécessite deux lés. La tête froncée a été cousue exprès assez bas de manière à ce que le haut des rideaux s'incline légèrement au-dessus de la barre. On a également ajouté une épaisseur d'entoilage sur le haut des rideaux pour rigidifier la tête et lui donner plus de corps.

1 Découpez deux lés de tissu à fleurs en rajoutant 3 cm à la largeur requise, et en prenant en compte avant de couper tout raccord de motif nécessaire lors de l'assemblage (voir p. 179). Disposez-les endroit contre endroit sur une surface plane. Épinglez, faufilez et cousez à la machine à 1,5 cm de l'un des bords latéraux. Faites des entailles régulières sur les réserves pour que le tissu ne tire pas, puis ouvrez la couture au fer. L'envers du rideau face à vous, épinglez et faufilez la longueur d'entoilage en place en l'alignant sur les bords supérieurs et latéraux.

2 Découpez deux lés de doublure en rajoutant 3 cm à la longueur requise. Assemblez comme dans l'étape 1. Étendez la doublure sur le rideau bord contre bord, endroit contre endroit. Épinglez, faufilez puis piquez à la machine le long des deux hauteurs, en haut en prenant l'entoilage et en bas en réservant une ouverture de 20 cm au milieu du bord inférieur. Coupez les coins, retournez l'envers sur l'endroit et repassez. Fermez l'ouverture à la main à points coulés (voir p. 183).

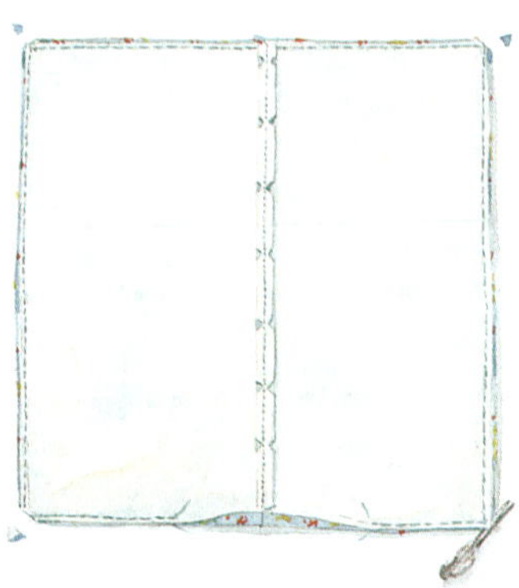

3 Pour la bordure, découpez des bandes de biais de 10 cm de large dans le tissu contrastant. À l'aide d'une craie de tailleur et d'une longue règle, tracez une ligne à 45 degrés partant d'un coin du bas et remontant vers le bord opposé. Tracez avec la règle une série de lignes parallèles distantes de 10 cm, puis découpez les bandes ainsi formées. Découpez-en suffisamment pour pouvoir en les joignant faire tout le tour du rideau. Cousez-les pour former une bande continue. Posez les deux premières bandes endroit contre endroit de manière à ce qu'elles forment un angle droit. Faufilez et piquez à la machine en ménageant une réserve de 0,75 cm. Ouvrez la couture au fer. Coupez les coins pour qu'ils restent plats sur les bords. Répétez l'opération pour obtenir la longueur requise.

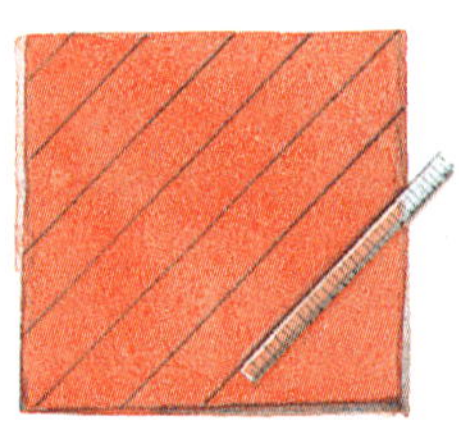

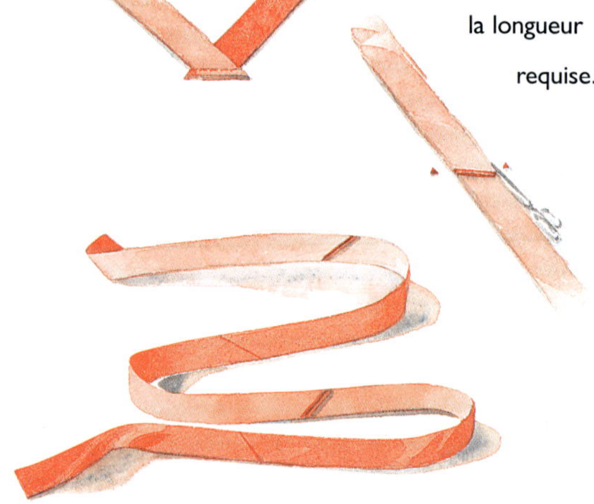

4 Épinglez le biais sur l'un des bords du rideau, endroit contre endroit et bien aligné, en partant du coin extérieur du bas. Faufilez ensemble à 2,5 cm du bord. En arrivant près de l'angle, épinglez jusqu'à 1,5 cm du coin, puis rentrez le biais vers l'intérieur. Continuez d'épingler et de faufiler le long du bord et rentrez à chaque fois le biais dans les deux angles suivants, jusqu'à vous retrouver au point de départ. Chevauchez les extrémités du biais sur 1,5 cm, et cousez à la machine la ligne faufilée. Piquez tout le long jusqu'aux plis faits dans les coins, puis continuez à coudre sur l'autre côté. Retournez le rideau et ramenez le biais par-dessus en pliant un rentré de 2,5 cm tout en épinglant au fur et à mesure de votre progression en repliant les coins le plus proprement possible. Faufilez alors le biais sur tout le pourtour du rideau. Cousez-le à points coulés au rideau. Dans l'angle où les deux extrémités du biais se rejoignent, cousez soigneusement à la main un onglet.

5 Découpez une longueur de ruban fronceur 6 cm plus longue environ que la largeur du rideau. Épinglez-le sur l'envers, à environ 5 cm du bord supérieur, en laissant une longueur égale de ruban dépasser de chaque côté. Pour le fixer au rideau, suivez les instructions p. 182.

Procédez de même pour confectionner le deuxième rideau, puis suspendez-les.

tissu & matériel

Tissu à fleurs
Tissu uni pour la bordure contrastante
Tissu de doublure
Ruban fronceur de 9 cm de large
Entoilage de 14 cm de large et mesurant la largeur des rideaux non plissés
Longue règle
Nécessaire à couture

Il était nécessaire de pouvoir abriter cette buanderie inondée de lumière à la fois du soleil et des regards. On a appliqué sur chaque fenêtre un petit store roulant confectionné dans un très beau coton rayé. Ainsi, chaque fenêtre se contrôle indépendamment des autres à l'aide d'un simple système de cordelette et de taquet. Les stores sont équipés d'œilletons métalliques qui permettent aux cordelettes de bien glisser, et chacun d'eux est fixé sur un tasseau en bois à l'aide d'une bande velcro.

stores roulants

stores roulants

Ces rideaux à la fois simples et frais sont très faciles à réaliser. Il faut simplement veiller à couper le tissu bien droit pour que les rayures ne partent pas en biais. Les ourlets du haut sont pliés sur trois épaisseurs, car le coton est très fin, et il est plus facile d'apposer des œillets sur des couches de tissu plus épaisses. On a choisi du coton tissé, qui est totalement réversible, et enroulé le tissu vers l'avant. Les instructions pour la mise en place des cordelettes concernent des enroulements vers l'avant. Si vous souhaitez que le tissu s'enroule vers l'arrière parce qu'il est imprimé, modifiez la disposition des cordelettes en conséquence.

1 Découpez un lé de tissu en rajoutant 25 cm à la longueur requise et 5 cm à la largeur du store fini. Posez-le envers vers le haut et repassez un rabat d'un demi-centimètre le long de chaque hauteur, puis un deuxième rabat de 2 cm. Faufilez et cousez à la machine.

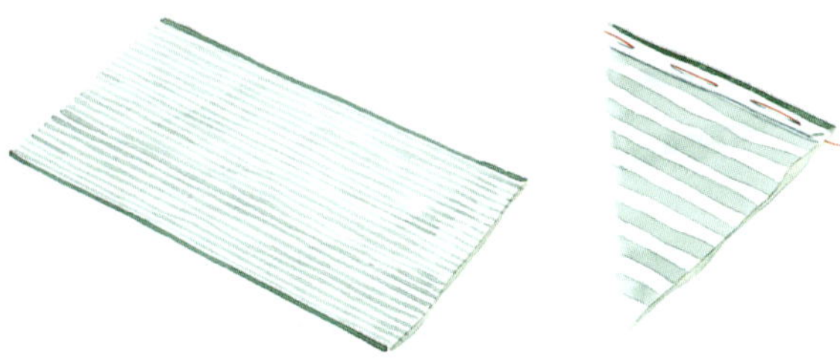

2 Formez un double rentré sur le bord supérieur en repassant un rabat de 10 cm, puis un deuxième de la même taille. Faufilez et cousez.

3 Sur le bord supérieur, délimitez de chaque côté deux points espacés de 10 cm, à 5 cm de la bordure et à environ 15 cm des bords latéraux. Posez un œillet sur chaque point en vous servant d'un poinçon adapté et en vous assurant que leur côté endroit se trouve bien sur le devant du store.

4 Épinglez le côté à boucles de la bande velcro au dos du store, tout en haut, et cousez au point coulé (voir p. 183).

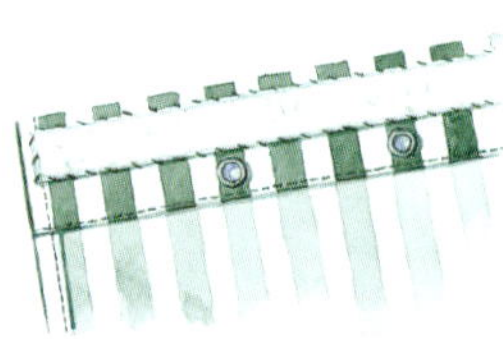

5 Agrafez le bord non fini du bas au liteau de bois.

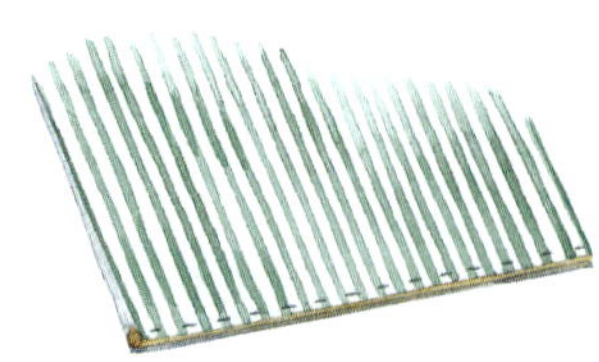

6 Percez des trous sur le dessous du tasseau de bois à 15 cm de chaque extrémité pour y visser les pitons, et deux autres trous au même niveau mais sur l'avant du tasseau pour le fixer à l'encadrement de la fenêtre. Tapissez le tasseau de tissu à l'aide de l'agrafeuse. Trouez le tissu devant les trous à l'aide d'un poinçon et vissez les pitons. Agrafez le côté à barbules du velcro sur l'avant du tasseau et reformez les trous avec un poinçon. Posez le tasseau sur la fenêtre à l'aide de longues vis.

7 Suspendez le store en le collant sur la bande velcro. Enfilez les cordelettes comme sur le dessin, de manière à ce que le store s'enroule vers l'avant. Ajustez-les afin qu'il s'enroule bien droit. Nouez ensemble les extrémités et fixez le taquet.

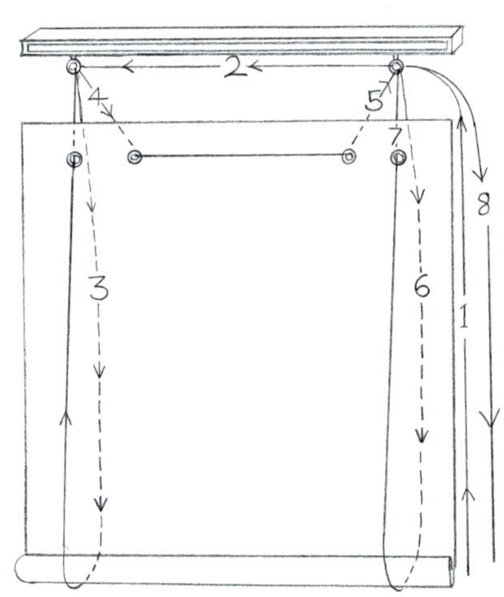

tissu & matériel

Coton tissé

Bande velcro de la largeur du store

Cordelette pour store enduite de cire, ou cordelette torsadée

Fin liteau en bois, de la largeur du store

Tasseau de bois, de la largeur du store

Taquet avec vis de fixation

Kit à œillets

Piton

Longues vis

Agrafeuse à tissu

Poinçon

Tournevis

Perceuse

Nécessaire à couture

rideau de rubans

Mis à part des rideaux sans coutures, impossible de faire plus simple ! Les rubans sont suspendus à la barre à l'aide de boucles cousues à la main, et les perles sont cousues à l'aide d'un fil à broder en coton résistant. Pour ce projet de rideau, vous pouvez laisser libre cours à votre imagination. La barre en plexiglas, maintenue en place à l'aide de fixations pour barre de douche, ajoute de la luminosité à l'ensemble.

1 Calculez la circonférence de la barre en enroulant dessus le bout d'un ruban et en le mesurant, puis ajoutez 1 cm pour la couture.

2 Tracez sur chaque côté du ruban un repère pour une couture qui permettrait de les enfiler ou de les retirer facilement de la barre.

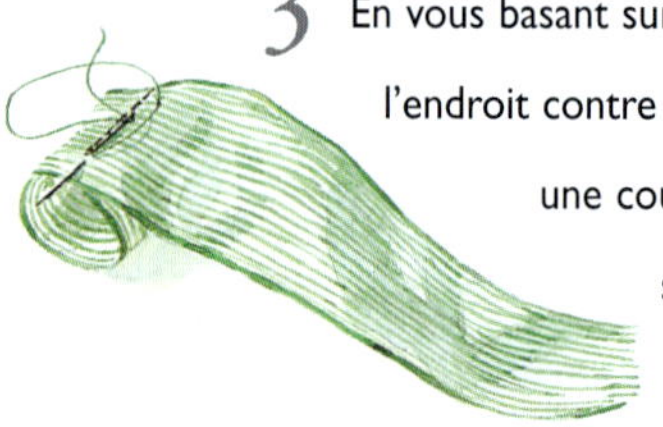

3 En vous basant sur ces repères et en disposant l'endroit contre l'envers, faufilez puis faites une couture pour former une coulisse sur l'extrémité supérieure de chaque ruban.

4 Répartissez vos perles selon des quantités et des combinaisons variées. Pour chaque ruban, doublez le fil à broder avant de le passer dans une aiguille et faites un nœud suffisamment épais pour qu'il puisse retenir les perles. Enfilez celles-ci et terminez par un deuxième nœud similaire. Rabattez deux fois l'extrémité du ruban et cousez-y votre assemblage de perles.

5 Découpez la barre suivant la longueur requise, en ménageant suffisamment d'espace pour les fixations. Posez les fixations dessus et marquez avec un crayon l'emplacement des vis dans l'encadrement de la fenêtre. Utilisez le poinçon pour ménager un trou dans chacune des marques faites au crayon.

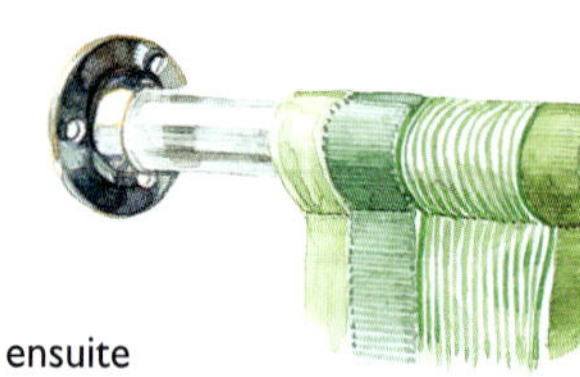

6 Enfilez les rubans sur la barre, puis suspendez-la en vissant les deux premières vis de chaque côté. Ajoutez ensuite les autres vis et tournez la barre pour la fixer solidement.

tissu & matériel

Rubans divers de longueurs
et largeurs variées
Perles
Barre en plexiglas
Fixations et vis pour barre
de douche
Tournevis et vis
Poinçon
Fil à broder en coton
Nécessaire à couture

rideaux plissés en organdi

Dans la chambre d'une jeune fille, ces rideaux plissés en organdi blanc font un peu penser à des voiles de mariée et apportent une note très pure. En guise de bordure, des rubans en vichy rouge et blanc servent également à maintenir les plis et constituent en outre les attaches du rideau. Habillée de ces seuls rideaux, la fenêtre laissera passer la lumière tout en protégeant l'intimité du lieu. Si l'on souhaite pouvoir bloquer plus efficacement la lumière, on peut leur associer un store à enrouleur.

rideaux plissés en organdi

L'organdi est tellement souple et possède en même temps une si bonne tenue qu'il offre toujours un aspect impeccable ; de plus, il vieillit merveilleusement bien. La tête à plis plats serrés de ces rideaux est maintenue par deux rubans à double épaisseur, constitués de vichy sur du picot. Les ourlets latéraux sont recouverts du même ruban vichy qui est utilisé pour la bordure. Plus les plis du haut seront serrés, plus le rideau s'évasera joliment sur le bas.

1 Découpez un lé et demi d'organdi, plus 18 cm. Le tissu ne sera pas doublé, aussi les lés doivent-ils être parfaitement assemblés, sans bords non finis qui ressortent. Une couture bien plate permettra d'obtenir un résultat bien plat et lisse. Épinglez et faufilez les deux pièces ensemble, endroit contre endroit. Cousez à la machine à 1,5 cm du bord, puis repassez les deux réserves sur un seul côté. Réduisez la réserve du

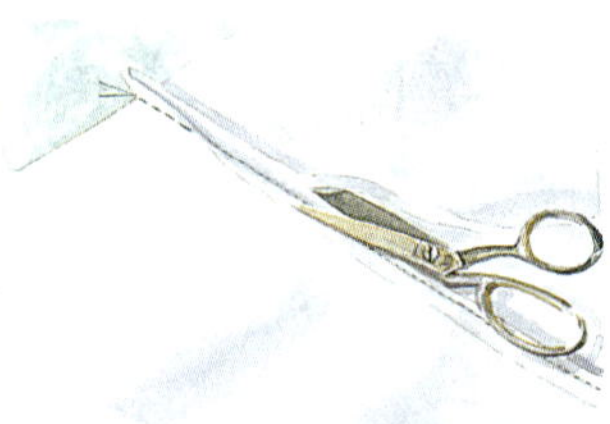

dessous à 0,75 cm. Repassez un petit rabat sur la bordure de la réserve du dessus, puis repliez-le sur la réserve du dessous pour emprisonner tous les bords non finis. Cousez au point coulé (voir p. 183) sur l'envers du rideau.

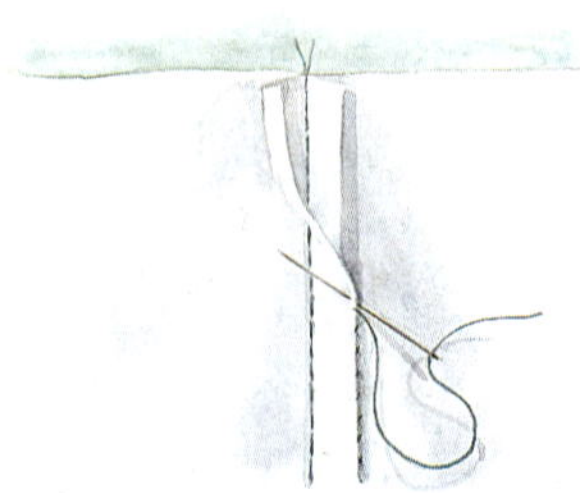

2 Formez un double rentré sur chaque hauteur. Repassez un rabat de 2 cm, rouvrez-le puis refaites un pli de 1 cm de manière à ce que le bord non fini s'aligne parfaitement sur le premier pli. Repassez de nouveau.

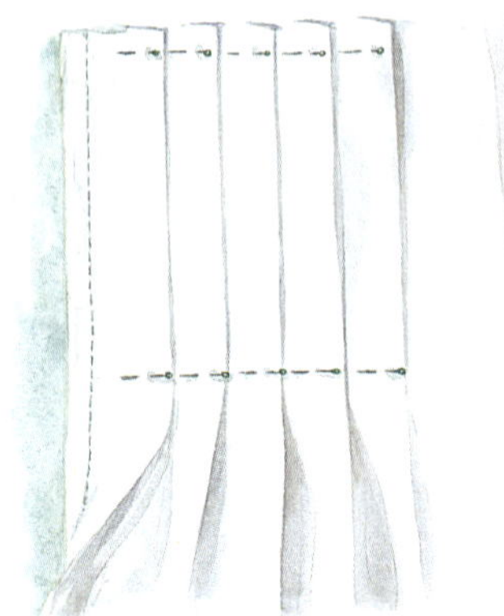

3 Faites un rabat de 2 cm sur le bord supérieur et repassez.

4 En partant du bord avant, formez sur les 25 centimètres du haut du rideau une série de plis réguliers, chacun d'environ 2,5 cm de large. Épinglez-en au fur et à mesure les parties supérieure et inférieure. Repassez les plis, puis faufilez sur le haut et sur le bas.

5 Découpez deux longueurs du ruban en vichy ainsi que du galon à picots, mesurant chacun 1 cm de plus que la largeur du rideau. Déposez un morceau du galon sur le bord supérieur du rideau et centrez dessus un ruban en vichy. Épinglez et faufilez. Piquez une couture à la machine sur chaque côté du ruban. Coupez l'excédent de tissu. Procédez de même pour coudre l'autre longueur de galon et de ruban sur le bord inférieur des plis.

6 Terminez le bord inférieur par un double rentré. Repassez un rabat de 14 cm, rouvrez-le et repassez-en un nouveau de 7 cm, puis cousez au point de chausson (voir p. 183).

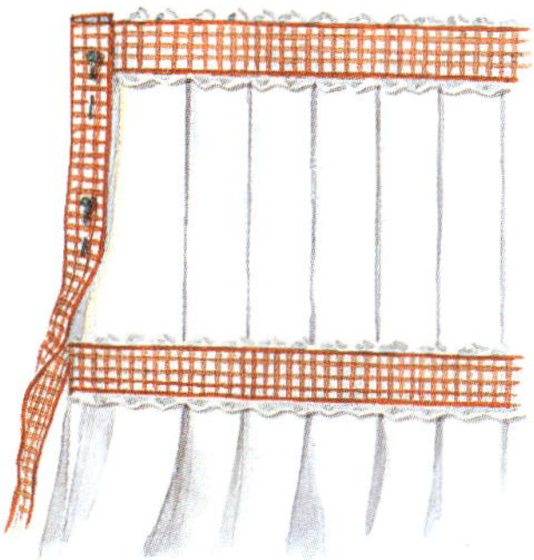

7 Découpez deux rubans en vichy mesurant la longueur du rideau plus 1 cm. Repliez les deux extrémités sur un demi-centimètre et piquez à la machine. Pliez le ruban en deux dans le sens de la longueur et repassez. Posez-le à cheval sur le bord de l'ourlet. Épinglez, faufilez et piquez à la machine.

8 Découpez six rubans d'environ 40 cm dans le vichy le plus large (ou plus de rubans pour pouvoir les espacer d'environ 30 cm). Pliez-les en deux et cousez-les à la main au dos du bord supérieur. Confectionnez le deuxième rideau de la même manière.

tissu & matériel

Organdi

Ruban en vichy de 2,5 cm de large pour les attaches et de 1,75 cm de large pour poser sur le galon

Galon à picots, légèrement plus large que le ruban en vichy

Nécessaire à couture

rideaux en lin à l'ancienne

tissu & matériel

Drap ancien avec monogramme

Ruban en satin pour les attaches

Barre fine en cuivre avec fixations et anneaux en cuivre

Agrafes à anneau

Nécessaire à couture

Ce traitement de rideau est des plus simples, et tellement pratique si vous ne souhaitez recouvrir que la partie basse de votre fenêtre ! Ainsi, la lumière continue d'entrer librement sur le haut, et plus bas le tissu en lin la filtre agréablement. Les draps brodés avec des monogrammes étaient à l'origine conçus pour en retourner le bord supérieur sur un lit afin de laisser la broderie apparente ; ils conviennent particulièrement pour des rideaux avec une cantonnière intégrée. Pour ce rideau, il a simplement fallu couper un peu de tissu sur le bas sans qu'il soit nécessaire de toucher aux ourlets préexistants sur les côtés. Si, pour l'adapter à votre fenêtre, vous avez besoin de rétrécir votre drap, retirez la même quantité de tissu de chaque côté et faites un petit ourlet double, en le cousant de préférence à la main. Pour calculer la longueur de la cantonnière, repliez le drap sur le bord supérieur et relevez-le contre votre fenêtre : s'il ne doit en recouvrir que le bas, la cantonnière devrait représenter entre un tiers et un quart du rideau, tandis que s'il recouvre toute la fenêtre elle devrait en représenter plutôt un cinquième.

1 Repliez le bord supérieur du drap pour former une cantonnière de la longueur requise (voir ci-dessus), et repassez. Épinglez et faufilez le long du pli. Mesurez la largeur et divisez-la par huit, puis délimitez chaque section avec une épingle.

2 Repliez et épinglez un tout petit pli plat sur chaque section et à chaque extrémité. Repassez et cousez à la main sur l'arrière du rideau de manière à ce que les plis restent en place.

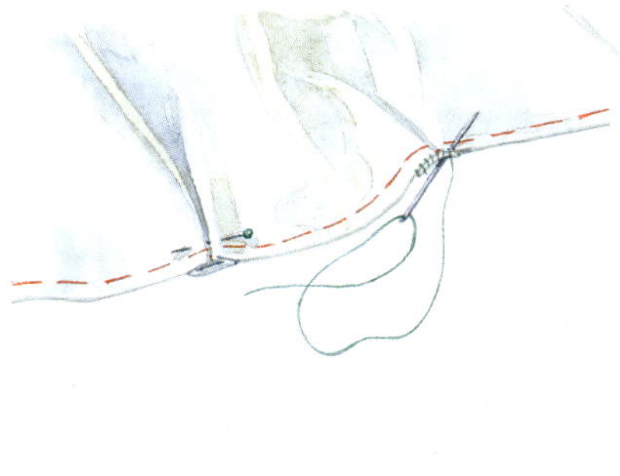

3 Cousez une agrafe à anneau au dos de chaque pli puis fixez-les sur les anneaux en cuivre.

4 Pour cacher l'agrafe, enroulez un ruban de satin plusieurs fois sur les deux anneaux et nouez-le en faisant un joli nœud.

Intemporel, frais et de facture tout ce qu'il y a de plus classique, le vichy violet a été choisi pour ces rideaux, et utilisé généreusement aussi bien pour la table que pour le lit. Une cantonnière plissée et légèrement incurvée est fixée sur un bandeau en bois pour dissimuler les tringles du rideau. Celui-ci est doublé et surdoublé avec un chambray dans la même couleur violette, et retenu par des patères en bois tapissées de tissu vichy et de ruban en gros-grain. À noter, la petite bordure de fleurs violettes sur la cantonnière pour la finition.

rideaux en vichy

rideaux en vichy

Les bandeaux en bois servent depuis bien longtemps à soutenir lambrequins, tringles et cantonnières. Ils peuvent camoufler pas mal de défauts et sont très utiles lorsqu'on souhaite tricher sur les proportions. Ici, la fenêtre paraît un peu basse par rapport à la pièce, aussi a-t-on fixé le bandeau assez haut au-dessus de la fenêtre pour donner une illusion de plus grande hauteur. Veillez toujours à ce que le bas de la cantonnière recouvre le haut de la fenêtre, autrement le résultat ne serait pas très beau. Au lieu d'utiliser un ruban fronceur pour plisser la cantonnière, une petite coulisse a été ménagée dans laquelle on a enfilé une cordelette sur laquelle on tire pour créer des fronces moins régulières, plus appropriées pour cet élément du rideau. Une petite bordure de fleurs violettes délimite le bord incurvé de la cantonnière. Le tissu vichy, toujours très fin, a été épaissi d'une doublure et d'une surdoublure.

... la cantonnière

1 Découpez trois lés de vichy, en ajoutant 23 cm à la longueur requise. Assemblez les trois pièces endroit contre endroit en les épinglant, puis en faufilant et en cousant à la machine. Crantez les réserves sur des intervalles de 10 cm pour rompre les tensions et ouvrez les coutures au fer. Répétez l'opération pour la satinette et la doublure en chambray.

2 Repliez le tissu vichy en deux dans le sens de la largeur et déposez-le sur une surface plane. Déposez un ruban plombé sur le bord inférieur de manière à ce qu'il décrive une courbe douce en partant de 22 cm du haut sur les bords ouverts pour arriver à 10 cm du haut sur la pliure. Reportez cette courbe sur le tissu à l'aide d'une craie et épinglez ensemble les deux côtés, à 1 cm de la ligne. Découpez en suivant le tracé de la courbe et faites de même avec la satinette et la doublure en chambray.

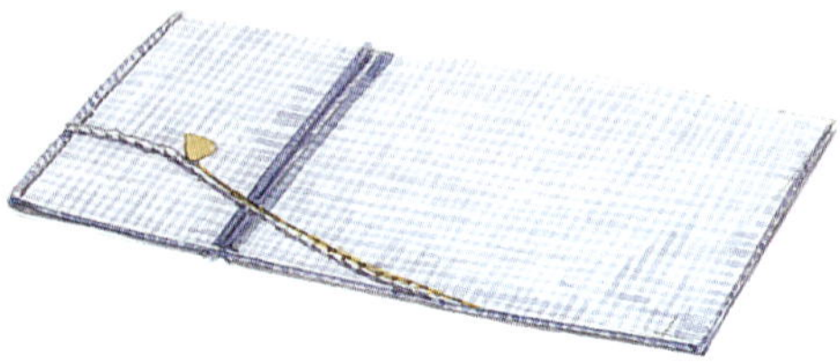

3 Rouvrez le vichy, endroit vers le haut. Déposez le chambray dessus, envers vers le haut, puis déposez la satinette par-dessus en alignant tous les bords. Repassez, épinglez, faufilez et cousez à la machine une couture de 1,5 cm sur les deux côtés et la courbe, en ménageant 1 cm dans les coutures. Crantez la courbe et coupez les coins. Retournez l'endroit vers l'extérieur et repassez.

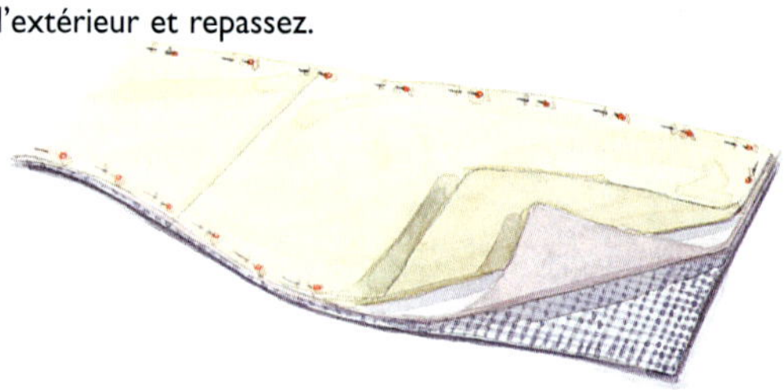

4 Repassez un rabat de 5 cm sur le bord supérieur de la cantonnière. Épinglez ensemble l'endroit et l'envers et cousez au point coulé (voir p. 183). En vous servant de la ligne du motif à carreaux comme repère, épinglez, faufilez et piquez à la machine une couture à 3,5 cm du bord supérieur. Faites une deuxième couture 1,5 cm plus bas pour former une coulisse. Coupez une cordelette un peu plus longue que la largeur finale de la cantonnière. Fixez une épingle à nourrice sur l'une de ses extrémités et attachez l'autre dans l'espace de la couture latérale. Faites passer l'épingle dans la coulisse et froncez la cantonnière jusqu'à ce qu'elle mesure la longueur voulue plus les deux profondeurs du bandeau. Cousez l'autre

extrémité de la cordelette, en en coupant l'excédent. Arrangez les plis en fronces nettes et régulières.

5 Séparez les deux parties de la bande velcro. Épinglez le côté à boucles au dos de la cantonnière de manière à ce qu'il recouvre la coulisse, et cousez-le au point coulé. Cousez le galon rose à fleurs sur le bord inférieur de la cantonnière. Agrafez la longueur restante de velcro au bord supérieur du bandeau.

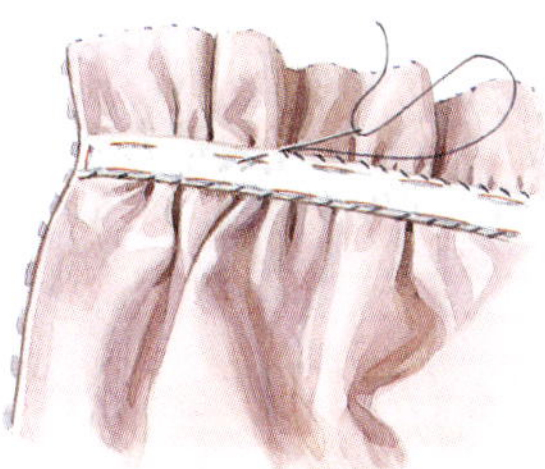

tissu & matériel

pour la cantonnière
et les rideaux
Vichy
Doublure intermédiaire
en satinette
Doublure en chambray
Galon à fleurs roses
Ganse toute simple
Bande velcro, que l'on disposera
sur le pourtour du bandeau
Ruban plombé
Bandeau en bois avec un retour
de 20 cm
2 supports en équerre
Ruban fronceur
Tringle et suspendeurs
Agrafeuse
Nécessaire à couture, dont une
épingle à nourrice

... les rideaux

6 Chaque rideau est composé d'un seul lé de tissu vichy. Pour en calculer la longueur, mesurez la longueur totale et ajoutez-y 5 cm pour la tête et 10 cm pour l'ourlet. Déposez le chambray et le vichy endroit contre endroit, envers du vichy vers le haut. Découpez la doublure intermédiaire de sorte qu'elle soit plus courte de 10 cm que les autres tissus et déposez-la sur le chambray en alignant les bords supérieurs. Épinglez, faufilez et piquez à la machine les côtés et le bord supérieur, en laissant une réserve de 1,5 cm. Coupez les angles.

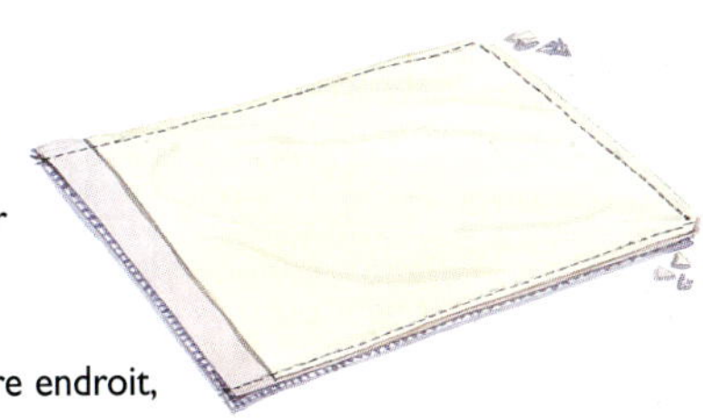

7 Pour l'ourlet ouvert du bas, repassez un rabat de 1 cm le long du bord inférieur du vichy et du chambray, puis repassez un nouveau rabat de 9 cm. Épinglez, faufilez et cousez l'ourlet sur le vichy au point coulé puis cousez le chambray à la doublure intermédiaire au point de chausson (voir p. 183). Retournez l'endroit du rideau vers l'extérieur et repassez. Ajoutez le ruban fronceur (voir p. 182). Répétez l'opération pour le deuxième rideau.

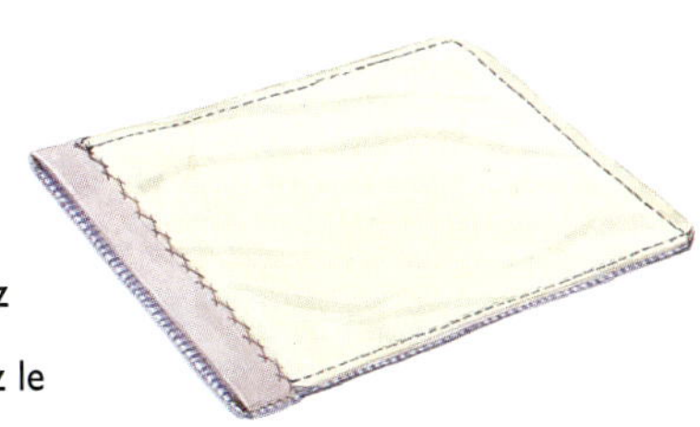

... les patères

8 Pour chaque patère, découpez à la scie un rond de médium de 10 cm de diamètre et poncez les bords. Pour le bras, découpez un tronçon de 10 cm de long dans le rondin. Percez des trous pour les vis au centre d'un des côtés du cercle et aux deux extrémités du bras.

9 Découpez deux ronds dans le chambray et un dans le molleton plus larges que le médium de 0,75 cm sur tout leur pourtour. Collez un morceau de chambray sur le médium en le posant bien au centre sur le côté percé. Une fois la colle séchée, faites un trou dans le tissu à l'endroit du trou percé avec un poinçon. Repliez l'excédent de tissu sur l'épaisseur du cercle et collez-le, en coupant si cela est nécessaire le tissu en excès pour obtenir un fini impeccable. Collez le molleton sur l'envers du rond et tapissez-le du deuxième morceau de chambray, en collant les côtés comme précédemment.

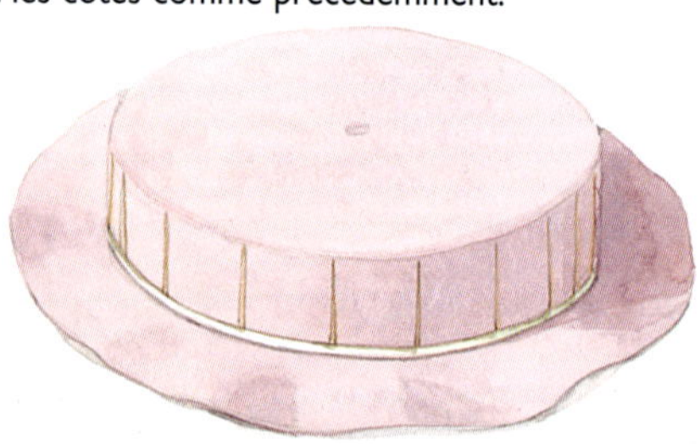

10 Collez le côté plat de la ganse en velours sur tout le pourtour de la patère de manière à ce qu'elle ressorte à peine sur le côté recouvert de molleton. Recouvrez-le avec les galons en gros-grain et à fleurs en partant et en terminant à peu près au même endroit et en veillant à ne pas déborder.

11 Découpez un morceau de chambray pour recouvrir le bras et son extrémité. Collez-le dessus et servez-vous d'un cutter pour retirer le tissu en excès afin d'obtenir un joli fini.

12 Vissez la patère sur son bras, et terminez en collant une fleur en velours au centre. Répétez l'opération pour la deuxième patère.

Suspendez les rideaux à une tringle munie de suspendeurs et fixez la cantonnière au-dessus de la fenêtre.

outils & matériel

pour les patères

Rondin de 20 cm de long et de 1,75 cm de diamètre

10 cm x 20 cm de médium, de 1,75 cm d'épaisseur

Ruban de velours

Galon en gros-grain

Galon rose à fleurs

Fleur en velours

Molleton

Quatre vis à double extrémité, deux courtes et deux longues

Colle pour tissu et trousse à outils

chapitre 3
techniques de base

La confection de rideaux est fondée sur des principes tout à fait logiques et repose, un peu comme en mathématiques, sur quelques règles de base à partir desquelles s'est élaboré tout un éventail de techniques. Cette troisième partie présente ces règles, importantes à connaître aussi bien pour mesurer ou couper un tissu que pour le coudre. Le secret pour réussir ses rideaux réside dans la précision ; c'est pourquoi il est essentiel de bien savoir calculer les quantités de tissu et leurs longueurs, gérer les lés et les répétitions des motifs, car c'est à ce prix que vos habillages de fenêtres conviendront bien et paraîtront être véritablement l'œuvre d'un professionnel.

accessoires décoratifs

Les barres de rideaux visibles paraissent être la méthode la plus populaire pour accrocher les rideaux. Elles sont maintenues à l'aide de fixations très faciles à mettre en place sur un mur. Quant aux manières d'y accrocher ses rideaux, elles sont nombreuses. On peut utiliser des attaches en tissu, ou pattes, qui permettent d'insérer le rideau directement sur la barre, ou bien se servir d'anneaux qui coulisseront mieux sur celle-ci. La plupart des anneaux sont équipés de petits œillets métalliques sur leur partie basse auxquels on peut accrocher les agrafes disposées sur les rubans fronceurs. Certains anneaux sont dotés de pinces très efficaces qui agrippent le tissu et forment ainsi une tête « sans couture » très pratique. S'ils comportent une glissière, les rideaux peuvent aussi se glisser directement sur la barre.

Les barres et les anneaux sont traditionnellement en cuivre ou en bois, mais aujourd'hui ils existent également dans les matériaux les plus divers. Si l'on en souhaite de transparents, on peut ainsi les choisir en plexiglas ; on trouve même des barres très fines en fer forgé. Les barres en bois existent dans plusieurs diamètres et dans des finitions variées, et peuvent même être incurvées pour être posées sur une fenêtre en ogive. La plupart des tringles sont vendues équipées d'un chariot avec cordelettes de tirage pour ouvrir et refermer ses rideaux facilement. Les barres sont souvent proposées en kit dans les grands magasins, il suffit alors de les couper à la bonne longueur ; cette solution est économique et pratique, à condition de bien relever les mesures au préalable.

accessoires de tringlerie

La plupart des rideaux sont confectionnés avec un ruban fronceur que l'on coud sur le haut de ceux-ci. Il existe de nombreuses sortes de rubans fronceurs, que l'on choisit en fonction des besoins. On trouve ainsi des rubans étroits pour les rideaux légers, d'autres transparents pour des voilages, les plus gros étant ceux qui servent à former des têtes à triple plis. Les agrafes en métal ou en plastique se glissent dans les fentes prévues sur le ruban fronceur, avant d'être fixées sur les suspendeurs d'une tringle. Le ruban se fronce à l'aide d'une ficelle qui le traverse et permet de froncer le tissu de manière harmonieuse. Si l'on n'a pas de ruban fronceur, on confectionne une tête de rideau à la main et il faut alors des agrafes spéciales. Les tringles existent sous de nombreuses formes et peuvent avoir diverses fonctions. Pour toutes les découvrir, le plus simple est de se rendre dans un magasin spécialisé qui en propose une bonne variété pour décider laquelle répond le mieux à ses attentes ou consulter les catalogues.

Les autres méthodes pour suspendre les rideaux incluent des œillets métalliques, ainsi que les câbles. Les œillets se posent sur la tête du rideau à l'aide d'une pince spéciale. Ils sont ensuite passés sur un câble métallique tendu entre deux fixations. Les tringles pivotantes en métal sont fixées sur le côté du mur grâce à des fixations dans lesquelles on insère leurs bras métalliques pouvant pivoter sur 180 degrés. Les rideaux, équipés d'un fourreau, se glissent alors sur ces bras. Les tringles extensibles munies d'un système à ressort, quant à elles, sont bien pratiques pour les fenêtres enfoncées dans un encadrement, car elles se coincent dans une ouverture sans l'aide de fixations. Elles ne peuvent pas soutenir des rideaux lourds, mais sont en revanche idéales pour des voilages et des panneaux légers.

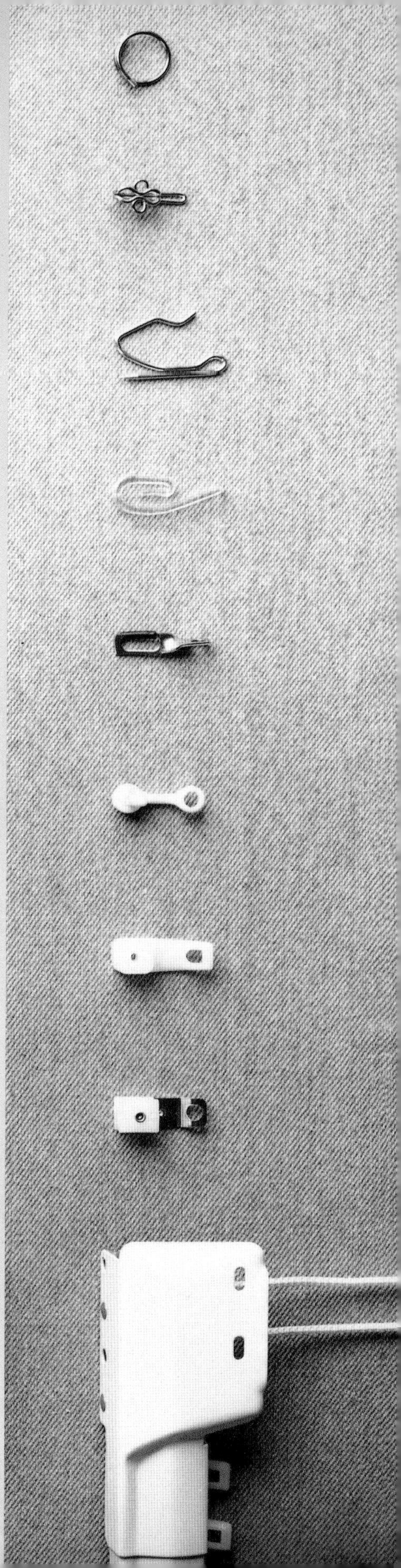

techniques et points de couture

Toutes les techniques de base sont réunies dans cette section illustrée et organisée de manière pratique. Un conseil : familiarisez-vous avec ces techniques avant de vous atteler à un projet. À la fin de la section, vous trouverez un index des termes les plus utilisés, qui vous indiquera quels projets consulter pour trouver des explications ou des techniques plus détaillées, par exemple celle des coins en onglet ou celle de la couture anglaise.

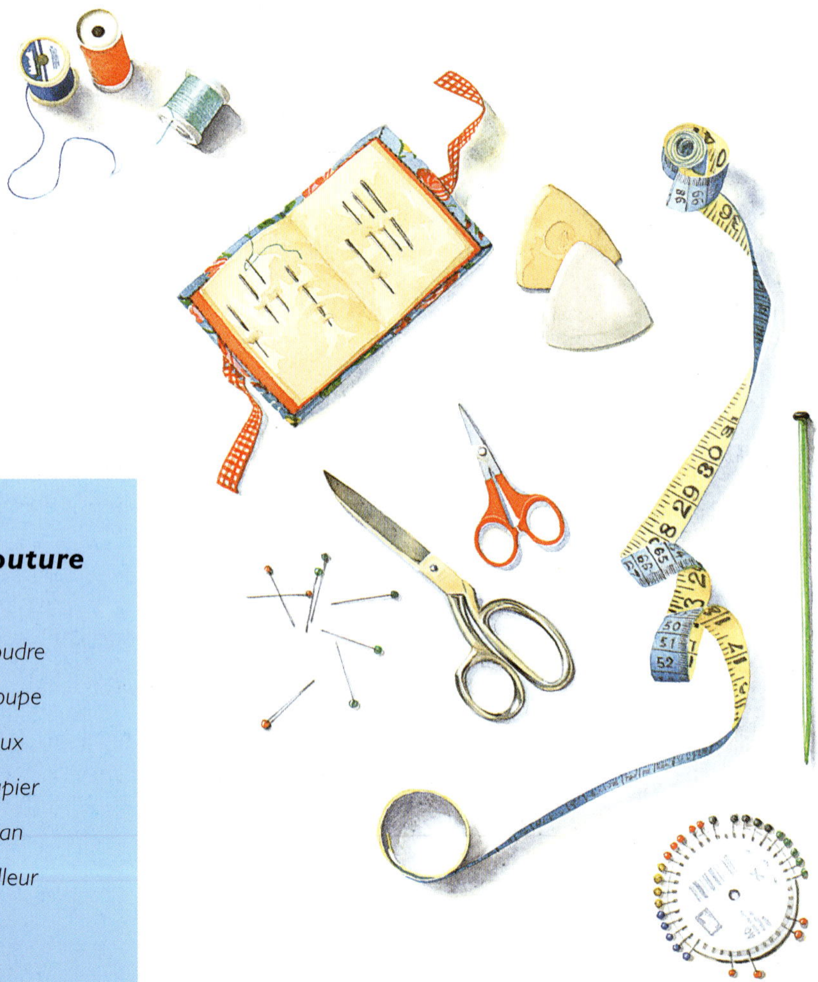

nécessaire à couture de base

Une machine à coudre
Des ciseaux de coupe
Des petits ciseaux
Des ciseaux à papier
Un mètre à ruban
Des craies de tailleur
Des épingles
Des aiguilles
Du fil à coudre

RELEVER LES MESURES

préparation

Une fois le type d'habillage choisi, ainsi que le tissu et la manière d'accrocher les rideaux, il convient de prendre les mesures pour savoir où poser les fixations. Mieux vaut toujours commencer par poser la tringle ou n'importe quel autre type de fixation avant de déterminer la quantité de tissu nécessaire, car c'est alors que l'on pourra prendre les mesures les plus précises.

La première étape consiste à relever le plan de la fenêtre sur du papier millimétré. Représentez sur l'une des lignes verticales la hauteur du mur, et prenez comme échelle 10 cm environ par carré. Tracez ensuite une ligne délimitant le sol, puis mesurez l'espace entre celui-ci et l'appui de la fenêtre, encadrement éventuel compris. Si la fenêtre se trouve près d'un angle, mesurez la distance qui les sépare et reportez-la sur votre dessin, car cela influera sur la manière dont seront perçues les proportions de la tringle. Une fois que vous avez votre plan, vous pouvez y dessiner divers agencements et voir comment ils apparaîtront à échelle réelle (voir schéma ci-dessus).

tringles et barres

Idéalement, elles devraient être positionnées 10-15 cm au-dessus de la fenêtre et déborder environ sur la même longueur de chaque côté de la fenêtre. À ce stade, il faut garder à l'esprit quelques points importants.

1 Plus une fenêtre est imposante, plus ces espacements doivent être importants.

2 Pour des grandes fenêtres, il faut choisir des tringles ou des barres imposantes : question de proportions.

3 On peut corriger en partie une fenêtre bizarrement proportionnée ou positionnée, en choisissant par exemple des tringles ou des barres assez larges pour des fenêtres trop étroites, et en les positionnant assez haut sur des fenêtres qui paraissent trop basses.

4 Les barres et leurs fixations doivent toujours être plus hautes que le haut de la fenêtre, autrement un rai de lumière peu esthétique s'échapperait sur le haut une fois les rideaux fermés. Cette erreur est assez courante, et pourtant facile à éviter.

5 Mieux vaut dans la mesure du possible poser les fixations sur le mur et non directement sur le cadre de la fenêtre.

6 Les fixations prêtes à poser présentent souvent le défaut de ne pas être assez profondes, et les rideaux se retrouvent plaqués contre les fenêtres. Or, il faut absolument éviter cela, à la fois pour des raisons esthétiques et pratiques. L'air doit pouvoir circuler dans un espace de 6 à 8 cm entre le rideau et le haut de la fenêtre pour empêcher la formation de condensation. Pour l'éviter, vous pouvez soit acheter des fixations donnant plus de profondeur, soit les monter sur des petits blocs de bois (voir schéma ci-contre) qui pourront être peints ou tapissés pour se fondre au mur.

7 Pour fixer vos barres ou vos tringles, suivez les instructions du fabricant.

les galeries

Elles servent à dissimuler les tringles et peuvent rectifier très efficacement les proportions d'une fenêtre. Il faut qu'elles soient coupées dans un bois résistant, comme du contreplaqué ou du pin, et qu'elles aient environ 2,5 cm d'épaisseur. La profondeur d'une galerie représente habituellement environ un huitième de la longueur du rideau, mais elle ne doit jamais être inférieure à 10 cm, même pour une petite fenêtre. Sa largeur doit être égale à celle de la barre ou de la tringle : 10 à 15 cm plus large que la fenêtre, en prévoyant 1,5 cm de plus de chaque côté à cause de l'épaisseur du tissu. Elle doit être positionnée à 15-20 cm au-dessus de la fenêtre (à moins que vous deviez compenser certaines proportions comme dans le point 3 p. 177). Les galeries se fixent à l'aide d'équerres métalliques (voir schéma ci-dessous) vissées dans le mur au-dessus de la fenêtre. On les recouvre du même tissu que les rideaux, ou on les peint dans une couleur coordonnée. Les cantonnières y sont généralement fixées à l'aide d'une bande velcro.

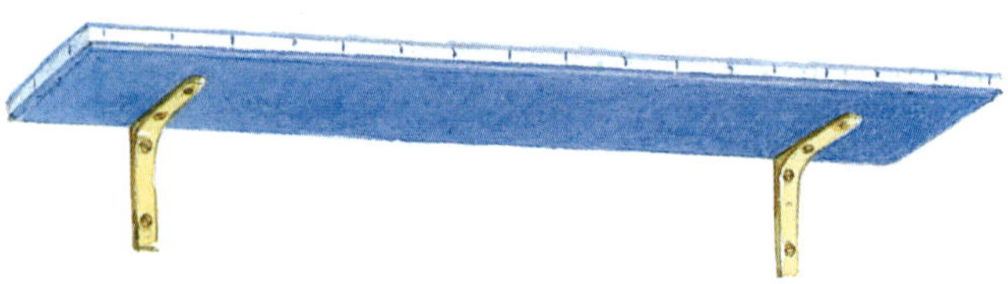

On peut acheter des tringles conçues spécialement pour les galeries. Fixez-les en suivant les instructions du fabricant, mais n'oubliez pas que la tringle doit être plus courte que la galerie de 1,5 cm à cause de l'épaisseur du rideau.

calcul du métrage des rideaux

Servez-vous toujours d'un long mètre métallique rétractable. Choisissez le type de ruban fronceur que vous utiliserez pour pouvoir déterminer la longueur du rideau. Pour calculer la quantité de tissu nécessaire, deux mesures sont primordiales : la longueur de la barre, de la tringle ou de la galerie (mesure A sur le schéma ci-contre) et la distance entre celle-ci et le sol (mesure B sur le schéma ci-contre). La largeur (A) déterminera celle de tissu requise.

De manière générale, des rideaux nécessitent une fois et demi à deux fois leur largeur de tissu, c'est-à-dire trois ou quatre lés de tissu par paire. Pour une fenêtre plus petite (avec une tringle d'environ 120 cm), comptez un lé par rideau. Et sachez que les rideaux faits dans des tissus légers nécessitent plus de tissu, jusqu'à trois lés pour chacun d'eux.

Pour la longueur, prenez les mesures comme suit : pour les rideaux accrochés à une barre, partez du bas d'un des anneaux jusqu'au sol. Pour les rideaux accrochés à une tringle apparente, partez du haut du ruban fronceur jusqu'au sol (pour faciliter la tâche vous pouvez accrocher un morceau de ruban fronceur à la tringle et relever les mesures). Et pour les rideaux accrochés à une galerie, partez du dessous de la galerie jusqu'au sol. Pour les rideaux dotés d'œillets, partez du haut de la barre jusqu'au sol et comptez au moins 4 cm à rajouter au-dessus des œillets.

Ajoutez ensuite les ourlets de tête et de sol (dont la taille est indiquée dans chaque projet de rideaux). Si vous souhaitez que vos rideaux se cassent sur le sol ou si vous utilisez des attaches ou un drapé italien, prévoyez 5 à 20 cm supplémentaires.

Si le tissu comporte des motifs, vous devez ajouter la hauteur d'un de ces motifs.

Pour résumer, la formule à retenir pour calculer la quantité de tissu nécessaire est : longueur depuis l'agrafe + ourlet de sol + ourlet de tête + raccord de motif, multiplié par le nombre de longueurs. Arrondissez le chiffre obtenu au demi-mètre supérieur. Vérifiez toutes vos mesures deux fois avant de commander le tissu.

Vérifiez toujours que vous avez également prévu suffisamment de tissu pour les cantonnières, les embrasses ou les attaches.

Choisissez vos tissus de doublure et de surdoublure de la même largeur que le tissu principal afin de pouvoir aligner les coutures. Il faudra environ la même quantité de tissu, mais sans en prévoir pour les raccords de motifs ou les ourlets doubles.

calcul du métrage des stores

Comme avec les rideaux, il est préférable de fabriquer et d'installer le liteau en bois avant de confectionner le store. Les stores peuvent être posés soit dans l'encadrement d'une fenêtre, soit sur le haut de celle-ci. Si vous souhaitez dissimuler la forme d'une fenêtre, le mieux est alors de poser le store au-dessus d'elle. Cette méthode permet également de moins couper la lumière naturelle qu'en insérant le store dans l'encadrement.

Pour un store bateau fixé sur le cadre d'une fenêtre, prenez les mesures en partant du haut du liteau en bois jusqu'au rebord de la fenêtre, et relevez la profondeur du renfoncement moins 1 cm de chaque côté (voir D et E sur le schéma ci-contre). Pour un store bateau fixé au-dessus d'une fenêtre, partez du haut du liteau en bois jusqu'à 5 cm environ sous le rebord de la fenêtre. Et n'oubliez pas que ces mesures constituent uniquement celles du store fini.

poser un store

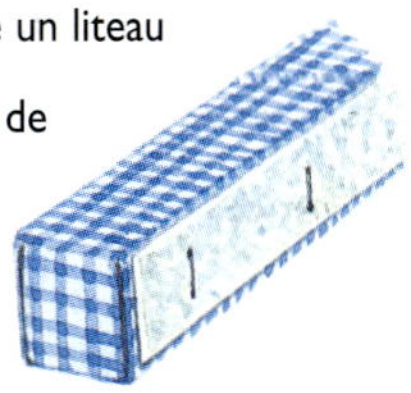

Un store posé au-dessus d'une fenêtre nécessite un liteau en bois de la largeur de celle-ci plus 10 à 15 cm de chaque côté, et devait être fixé à cette même distance du haut de la fenêtre (voir C sur le schéma). Celui-ci doit être soit vissé directement sur le mur, soit posé à l'aide de deux petites équerres. Le liteau doit être coupé dans un bois solide tel que du pin ou du contreplaqué. Le mieux est de le recouvrir du même tissu que le store ou de le peindre dans une couleur coordonnée (si le liteau est recouvert de tissu, servez-vous d'un poinçon pour y faire des trous avant de l'installer pour éviter qu'il ne se déforme à l'endroit des vis. Il faudra ensuite fixer sur la longueur le côté à barbules d'une bande velcro à l'aide d'une agrafeuse (voir schéma ci-dessus).

Les stores fixés dans l'encadrement d'une fenêtre nécessitent eux aussi un liteau en bois. Celui-ci devrait mesurer 1 cm de moins que le cadre de la fenêtre pour pouvoir le fixer aisément, et l'on peut le visser directement dessus. Autrement, il est identique aux liteaux des stores que l'on pose au-dessus des fenêtres. Pour les stores bateau, il faudra poser des pitons sur le liteau pour y passer les cordelettes, mais il vaut mieux les fixer une fois que le liteau est installé pour pouvoir les aligner exactement sur les anneaux du store.

insérer les cordelettes sur un store bateau

Vérifiez que vous avez bien cousu des anneaux au dos des plis du store comme indiqué sur le projet concerné. Fixez des pitons métalliques sur le bas du liteau en les alignant sur les anneaux, puis installé le liteau au mur ou au cadre de la fenêtre. Pour chaque rangée verticale d'anneaux, coupez une cordelette mesurant au moins trois fois la longueur du store. Choisissez le côté de la fenêtre sur lequel enrouler le cordon puis posez le taquet. Le dos du store tourné vers vous, commencez par la rangée verticale la plus éloignée du côté où se trouve le taquet, et nouez la cordelette à l'anneau du bas à l'aide d'un double nœud. Passez la cordelette dans tous les anneaux jusqu'en haut. Répétez l'opération pour toutes les rangées d'anneaux verticales. Fixez le store avec précaution sur le liteau avec la bande velcro en vérifiant que les cordelettes restent bien en place.

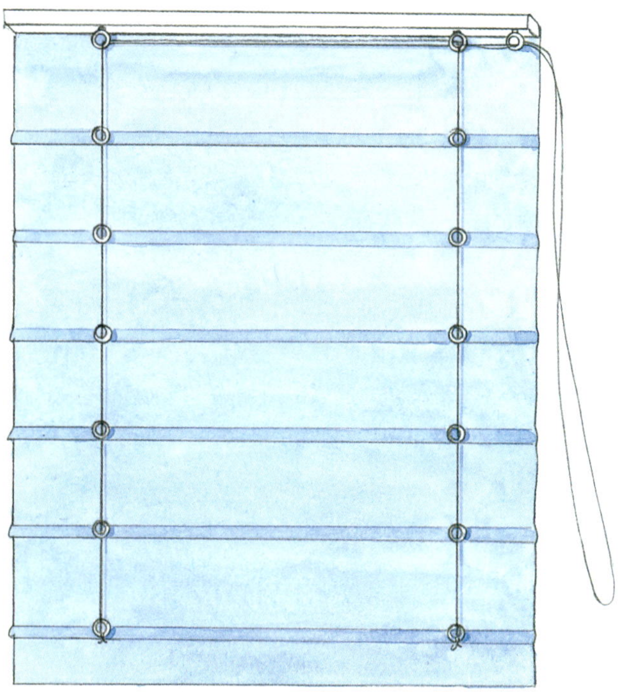

Passez-les dans les pitons de manière à les regrouper du côté où se trouve le taquet (voir schéma ci-dessus).

Abaissez complètement le store et vérifiez qu'il est bien droit, puis réunissez les cordelettes et remontez-le pour vérifier qu'il fonctionne bien. Répétez cette manipulation plusieurs fois.

Attachez enfin la cordelette à un enrouleur et coupez éventuellement la longueur en excès.

Pour les stores à enrouleur, suivez les instructions du fabricant.

Pour tous les autres stores, reportez-vous aux explications fournies.

couper le tissu

Vous avez besoin d'une grande surface plane ainsi que de bonne paire de ciseaux de tailleur. Tracez ensuite une ligne droite sur le tissu qui soit à angle droit avec la lisière (voir schéma ci-contre). Si vous utilisez un tissu comportant des répétitions de motifs, les rideaux seront plus réussis si la répétition se situe sur leur partie basse plutôt que sur leur partie haute. Vérifiez toujours les mesures deux fois avant de couper.

Délimitez le haut de chaque longueur à l'aide d'une craie de tailleur. Cela vaut particulièrement pour les tissus ayant un sens, car ils devraient toujours être orientés dans la même direction.

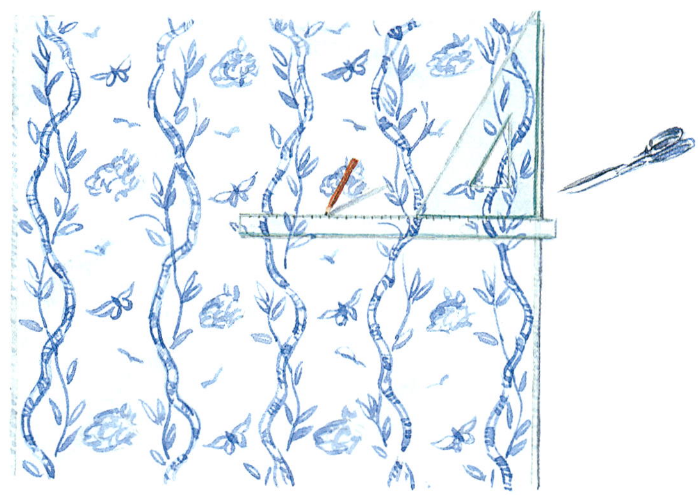

assembler plusieurs lés

Si le rideau comporte plus d'un lé, il faudra les assembler. Pensez toujours s'il comporte un demi-lé à le positionner sur l'extérieur de chaque rideau. Étendez les pièces de tissu sur le sol, endroit contre endroit, et épinglez à 2 cm de la lisière. Faufilez puis cousez à la machine en faisant une couture plate ordinaire. Entaillez les lisières en biais tous les 10 cm environ pour que le tissu reste bien à plat. Ouvrez la couture au fer (voir schémas ci-dessous). Pour assembler des lés comportant de grands motifs, commencez par découpez la pièce de tissu principale de chaque rideau, puis faites coulisser le tissu le long de cette pièce principale pour trouver la combinaison qui rendra le mieux avant de le découper.
Veillez à couper la deuxième pièce de tissu pour l'autre rideau de manière à ce qu'elle corresponde à la première. Épinglez les pièces de tissu ensemble, puis faufilez avant de coudre à la machine. Entaillez les lisières comme précédemment.

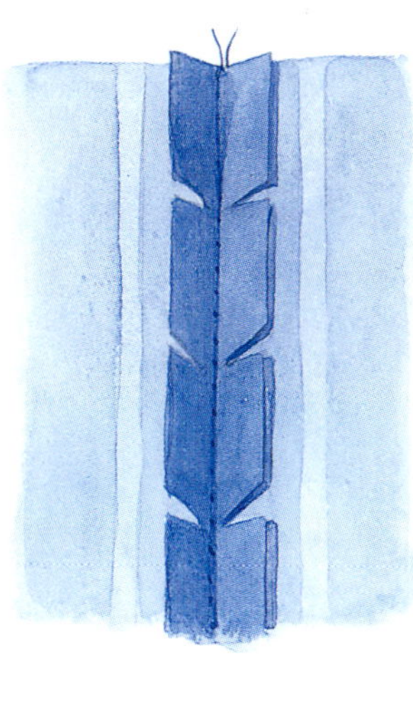

CONFECTIONNER DES RIDEAUX

les plombs

Certains rideaux tombent mieux si on les alourdit légèrement sur le bas. Il existe différentes sortes de plombs pour rideaux, mais vous trouverez surtout des rubans plombés flexibles disponibles dans différentes tailles. Les voilages nécessitent environ 25 g de plomb par mètre, les rideaux légers 70 g par mètre et les rideaux plus lourds 150 g par mètre. Ces plombs se cousent dans l'ourlet du rideau avant d'y apposer la doublure, et sont cousus de manière invisible à intervalles réguliers pour les empêcher de glisser (voir schéma ci-dessous).
Il existe également des petits plombs en forme de boutons que l'on coud dans les angles des rideaux (voir schéma ci-dessous).

les rubans fronceurs

Préparez les rideaux jusqu'à l'étape où les ourlets latéraux et de sol sont finis et l'ourlet de tête replié pour recevoir le ruban fronceur. Le rideau étalé sur une surface plane, envers vers le haut, découpez une bande de ruban fronceur environ 6 cm plus large que lui. Épinglez-la au rideau à environ 5 cm du haut (à moins que votre projet exige une distance plus grande), en laissant une quantité égale de ruban dépasser de chaque côté. Pour le bord conducteur du rideau (qui se trouve au centre), bloquez les ficelles libres du ruban en les faisant ressortir légèrement de l'arrière du ruban et en nouant solidement leurs extrémités (voir schéma ci-contre). Repliez vers l'arrière le bout du ruban de manière à couvrir les extrémités de ficelle nouées, tout près du bord du rideau. Épinglez et faufilez (voir schéma ci-contre).

Pour le bord extérieur du rideau, tirez un peu de ficelle sur l'avant du ruban fronceur et nouez-la. Repliez sur l'arrière le ruban qui dépasse. Épinglez et faufilez (voir schéma ci-dessous). Cousez le ruban fronceur à la machine en utilisant la méthode suivante pour qu'il reste bien à plat (voir schéma en haut à droite).

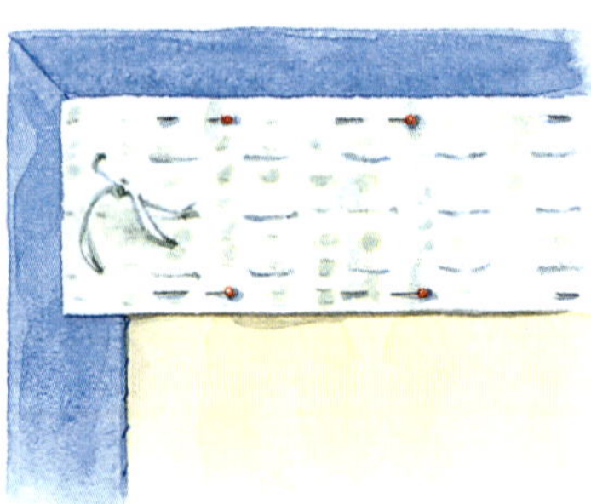

Cousez le bord supérieur en allant de A vers B puis, sans ressortir l'aiguille de B, tournez et continuez à coudre jusqu'à E. Coupez le fil, puis insérez l'aiguille

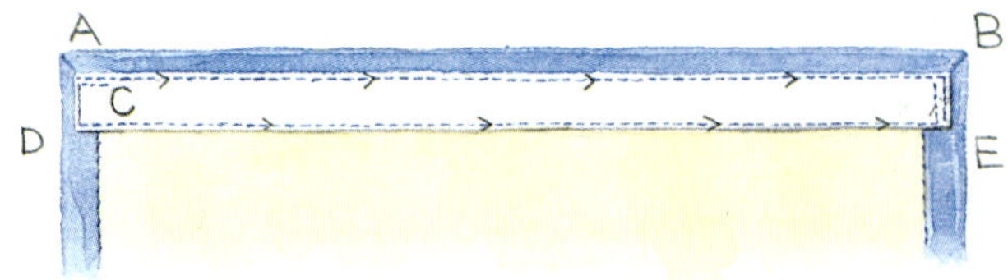

dans C, à 4 ou 5 cm du bord, et cousez à la machine jusqu'au coin A. Tournez sans ressortir l'aiguille et cousez jusqu'au coin D, tournez encore et cousez jusqu'au coin E, puis revenez vers B. Coupez le fil. En cousant les longueurs dans le même sens, vous évitez tout faux pli.

Froncez le ruban en tirant sur la ficelle jusqu'à la largeur souhaitée. Arrangez les plis à la main. Enroulez proprement la ficelle qui dépasse sur elle-même et cousez-la au ruban. NE LA COUPEZ JAMAIS, car vous ne pourriez plus remettre le ruban à plat pour nettoyer la tête de rideau ou pour le plier afin de le ranger. Insérez les agrafes de rideau à intervalles réguliers (tous les 10 cm environ). Placez toujours une agrafe près des bords extérieurs de manière à ce que le rideau tombe bien droit. Ne mettez pas d'agrafes dans les fentes où se trouve la ficelle nouée.

accrocher les rideaux

Si les rideaux sont épais et lourds, demandez à quelqu'un d'en soulever le bas pendant que vous montez sur l'escabeau pour les accrocher. Accrochez le premier rideau en partant de l'agrafe du milieu afin de répartir le poids. Les agrafes devraient toujours être attachées aux anneaux depuis l'avant, excepté celles aux extrémités qui doivent partir depuis l'arrière de manière à ce que le rideau s'incurve légèrement vers l'intérieur, ce qui fera plus joli. Une fois les deux rideaux accrochés, fermez-les pour vous assurer qu'ils se rejoignent parfaitement et qu'ils sont bien droits. Rouvrez-les et arrangez-les en longs plis droits. Vous pouvez attacher chaque rideau sans serrer à deux ou trois endroits avec un ruban pour maintenir les plis, et les laisser ainsi jusqu'au lendemain.

Si le tissu est clair ou fragile, vous pouvez envisager d'adapter une tirette au bord avant du rideau. Vous en trouverez des prêtes à poser dans toute une gamme de tailles et de finitions.

POINTS

fils de fronces

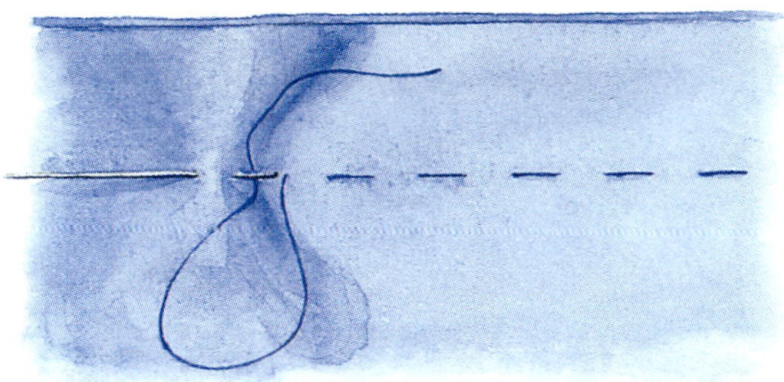

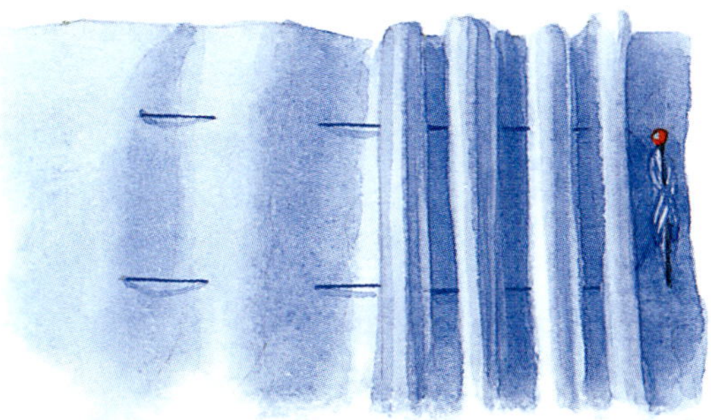

Ils consistent en une suite de points réguliers de même longueur sur chaque face du tissu. Cette couture plate sert à froncer un tissu à la main. Nouez le fil à une extrémité et faites une couture droite sur la longueur que vous souhaitez froncer. Répétez l'opération en passant une nouvelle ligne de points parfaitement parallèle à la précédente. Enroulez les fils libres à l'extrémité sur une épingle en formant un huit et tirez doucement pour former des plis réguliers (voir schéma ci-dessus).

point de faufilage

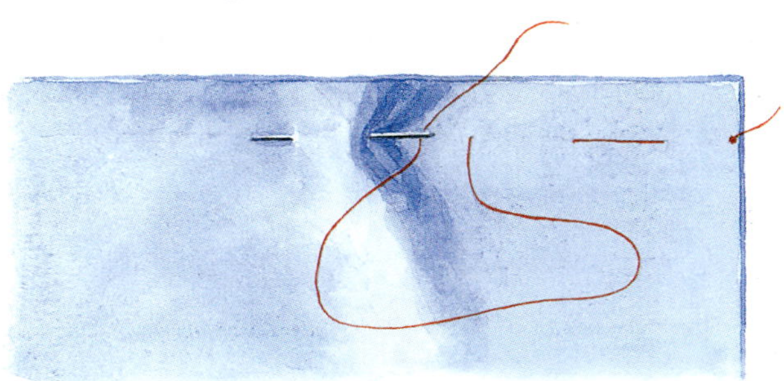

Il s'agit d'un point provisoire, semblable à une couture plate mais plus large, qui maintient le tissu en place avant de le coudre de manière permanente. Bloquez le fil avec un nœud solide sur l'envers du tissu et partez du côté droit pour faire des points réguliers mesurant environ 2 cm au travers de toutes les épaisseurs. Servez-vous d'un fil d'une couleur contrastante pour une meilleure visibilité. Essayez de ne pas coudre à la machine directement dans les points faufilés, car cela pourrait abîmer le fil (voir schéma en bas à gauche).

point coulé

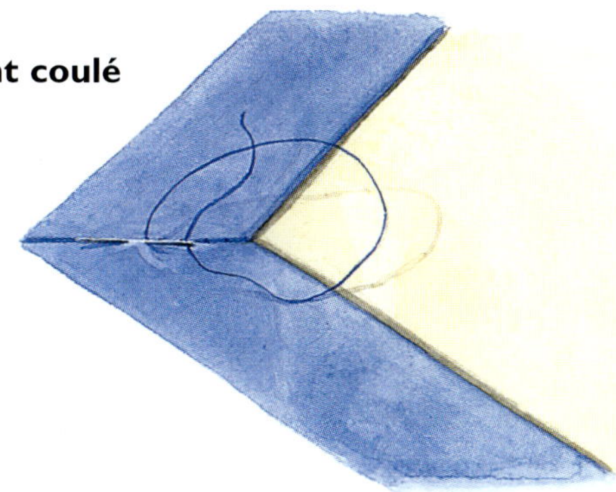

Il permet de maintenir un coin replié sur une surface plane de tissu ou de réunir deux bords repliés, pour un coin en onglet par exemple. Cousez sur l'envers du tissu en commençant à droite. Piquez d'abord votre aiguille dans le pli. Ressortez-la en prenant quelques fils du tissu plat, et en gardant l'aiguille parallèle au pli, puis repiquez-la dans le pli de l'ourlet dans un mouvement souple et continu. Les points obtenus devraient être pratiquement invisibles (voir schéma ci-dessus).

point de chausson

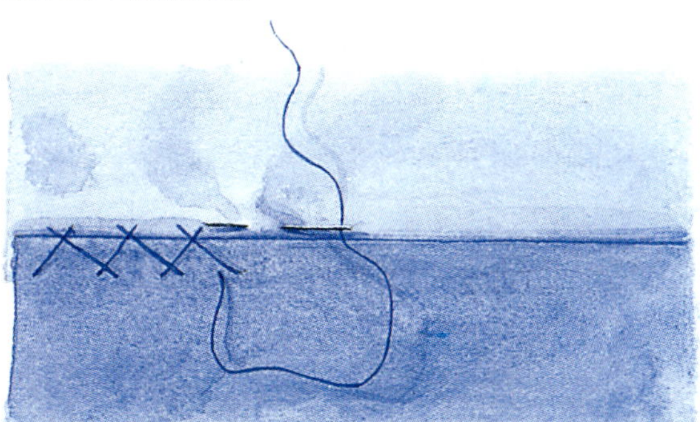

Ce point sert à retenir un bord non fini sur une surface plane de tissu. Cousez de gauche à droite sur l'envers, votre aiguille orientée vers la gauche. Piquez d'abord dans l'ourlet, puis faites un point dans le tissu et ressortez votre aiguille en biais et vers le haut sur le plat du tissu. Faites-y un petit point arrière à 5 mm environ de l'ourlet, en prenant juste un fil ou deux. Ramenez l'aiguille en biais et vers l'arrière sur l'ourlet, puis faites un petit point arrière en prenant une épaisseur de tissu. Ne serrez pas vos points (voir schéma, à droite en bas de la page précédente).

point d'ourlet

Le point d'ourlet retient un bord plié à une surface plane de tissu. Il procure un fini plus net si on l'effectue à la main plutôt qu'à la machine. Cousez sur l'envers du tissu, le bord plié face à vous, et piquez l'aiguille en biais de gauche à droite, en ne prenant qu'un fil ou deux de la surface plane de tissu. Ramenez l'aiguille sous le bord plié et faites-la traverser les deux épaisseurs de tissu. Répétez l'opération le long du bord plié (voir schéma ci-dessus).

point de baguage ou point noué

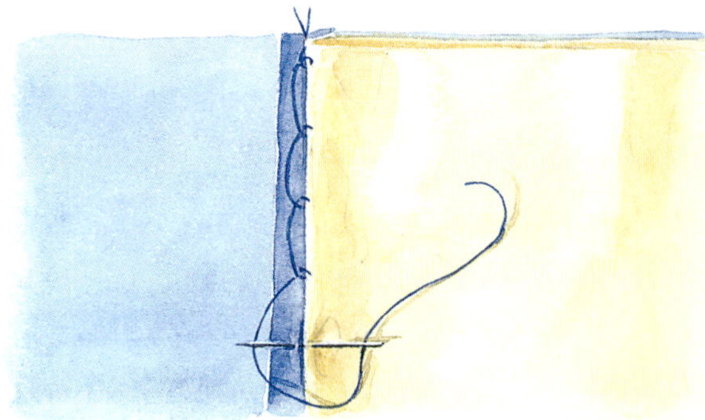

Ce point sert à maintenir ensemble contredoublure et tissu, mais de manière souple. Prenez un fil de bonne longueur et assorti au tissu principal. Disposez le tissu envers vers le haut, recouvert de la contredoublure. Rabattez celle-ci le long du premier lé du tissu. Arrêtez le fil sur elle, puis piquez l'aiguille dans le pli, près du bord, avant de prendre quelques fils du tissu principal, le tout avec un geste souple. Conservez le point lâche en formant une boucle, dans laquelle vous passerez l'aiguille pour commencer le point suivant, environ 10 cm plus loin, et de nouveau une boucle. Veillez à ce qu'il n'y ait pas de tension, ce qui déformerait le tissu principal. Ce point est également utilisé pour assembler une doublure et une contredoublure, en suivant exactement la même méthode de pliage (voir schéma ci-dessus).

index des termes les plus utilisés

Cet index vous permet de trouver facilement les techniques et informations nécessaires pour confectionner vos rideaux et vos stores, quel que soit leur type.

glossaire

appliqué : motif découpé dans un tissu et cousu sur un tissu de base.

encadrement : structure en bois qui entoure une fenêtre ou une porte.

galerie : support en bois sur lequel on fixe les stores.

véranda : fenêtre en saillie par rapport au mur.

doublure occultante : doublure dense et lourde qui bloque la lumière.

patère (ou pommeau) : pièce métallique ou en bois fixée au mur pour tenir les rideaux écartés de la fenêtre.

poinçon : outil comportant une pointe servant à faire des trous dans le bois.

broderie anglaise : tissu en coton brodé à la machine, habituellement blanc ou blanc cassé.

entoilage : sert à raidir le tissu.

molleton : doublure épaisse et douce.

fenêtres à battants : fenêtres se dressant à la verticale et s'ouvrant vers l'intérieur ou vers l'extérieur comme une porte.

batiste : coton fin comportant une trame blanche.

taquet : crochet sur lequel on attache les cordelettes des stores.

satinette : tissu souple et aéré utilisé pour doubler.

chien-assis : fenêtre en saillie servant à aérer un comble.

latte : baguette de bois fine et ronde qu'on insère dans les glissières d'un store pour le maintenir en forme.

ouvrage à fils tirés : technique consistant à tirer des fils du tissu principal pour créer un motif géométrique.

œillet : anneau métallique inséré dans le tissu pour former une ouverture qu'on glissera sur une barre ou un câble.

hors cadre : se dit de rideaux ou de stores fixés à l'extérieur de l'embrasure d'une fenêtre.

embout : élément décoratif fixé à chaque extrémité d'une barre à rideaux.

vichy : toile en coton à carreaux caractéristiques comportant deux couleurs dont du blanc.

ruban de gros-grain : ruban à trame horizontale.

ruban fronceur : ruban servant spécialement à faire des fronces et à former différentes têtes de rideaux.

contredoublure : tissu souple cousu entre le tissu du rideau et sa doublure, destiné à donner du poids, de la tenue et à mieux isoler du bruit et de la chaleur appelé aussi molleton ou satinette.

bord conducteur : bord du rideau qui rejoint l'autre au milieu lorsqu'on referme celui-ci.

coin en onglet : bord joint en diagonale de deux pièces de tissu dans un coin.

organdi : étoffe de coton très fine, translucide, légèrement raidie par un apprêt souple, qui se plisse bien.

lambrequin : bordure décorative, généralement constituée d'une galerie tapissée de tissu, servant à dissimuler la tête des rideaux ou à apporter de la hauteur à une fenêtre.

bordure décorative : ruban en coton épais orné de motifs décoratifs.

ganse : cordelette en coton que l'on insère sur une bordure.

tringle pivotante : tringle spéciale pouvant pivoter sur 180 degrés dont on se sert pour accrocher des rideaux sur une porte ou sur une fenêtre mansardée.

sur cadre : se dit de rideaux ou de stores fixés dans l'embrasure d'une fenêtre.

fenêtre à guillotine : fenêtre s'ouvrant à la verticale.

feston : bordure de tissu décorative décrivant un demi-cercle.

lisière : bordure de tissu tissée serrée pour éviter qu'elle ne s'effiloche.

gabarit : forme découpée dans du papier ou du carton que l'on reporte sur le tissu.

bande velcro : ruban double, dont l'un des bords comporte des barbules en nylon et l'autre des boucles. Pressés ensemble, ils restent solidement fixés. Sert à accrocher des stores, à fermer des coutures ouvertes, etc.

cantonnière : lambrequin en tissu recouvrant le haut des rideaux.

toile forte en bande : toile raide que l'on fixe au point de chausson entre deux épaisseurs de tissu pour renforcer la doublure.

fournisseurs

P48, store bateau graphique : Feutre gris chez GP&J Baker ; lin tissé chez Sanderson. P51, panneaux montés sur câble : toile en lin et toile parachute à pois chez Nya Nordiska ; kit pour câble chez Habitat. P54, panneau à onglets : tissu blanc chez Nya Nordiska ; tissu de bordure chez Jane Churchill. P58, doubles rideaux : tissu à carreaux en lin chez Colefax & Fowler ; tissu imprimé en lin chez Celia Birtwell ; ruban de gros-grain chez V.V. Rouleaux ; kit pour tringle double chez The Bradley Collection. P63, cantonnière en application : tissu blanc chez Nya Nordiska ; tissu bleu chez Malabar. P66, store suédois : tissu chez Designers Guild ; anneaux en plastique avec kit chez Pax Marie. P71, panneaux en lin superposés : canevas chez The Natural Fabric Co. ; serviettes anciennes en lin bleues et avec monogramme chez Guinevere Antiques ; boutons et coton à broder bleu chez John Lewis ; tissu du canapé-banc chez De Le Cuona Designs Ltd ; coussin jeté sur le canapé chez Chelsea Textiles ; papier peint par Neisha Crosland chez The Paint Library. P74, rideaux en patchwork : torchons chez The Linen Cupboard, John Lewis, The General Trading Co. and The Volga Linen Co. ; barre à rideaux avec embouts chez Artisan ; anneaux de fixation en métal chez Walcot House ; chaises bleues métalliques chez Guinevere Antiques. P78, panneau sur tringle pivotante : tissu chez GP & J Baker ; tringles pivotantes chez J.H. Porter & Son. P82, panneaux coulissants : voilage à pois chez Nya Nordiska ; tissu en lin blanc chez Malabar ; système de rails coulissants chez Silent Gliss. P90, rideau de douche en tissu éponge : tissu éponge et tissu de doublure chez John Lewis ; galon chez Chelsea Textiles ; œillets et outil de fixation chez James & Alden ; crochets métalliques chez Cope & Timmins. P94, store frangé à enrouleur : tissu rayé chez Malabar ; frange en coton chez Chelsea Textiles ; ruban de velours noir chez V.V. Rouleaux. P96, rideaux en laine festonnés : laine chez GP&J Baker ; galon à pompons couleur crème chez Jane Churchill ; barre en bois à l'ancienne avec anneaux et fixations chez McKinney & Co. P100, rideaux à rayures de ruban, non doublés : tissu en lin lourd couleur crème chez De Le Cuona Designs Ltd ; rubans chez V.V. Rouleaux. P104, rideaux à doublure contrastante : tissu blanc et noir chez Bennison Fabrics ; tissu blanc chez Malabar ; barres à rideaux chez J.H. Porter & Son ; table en bois chez Decorative Living ; habillages de radiateurs chez Jali. P108, store à enrouleur festonné : tissu rayé chez Ian Mankin ; bordures chez V.V. Rouleaux. P110, rideaux à cantonnière attenante : tissu chez Brunschwig & Fils ; bordures chez V.V. Rouleaux. P115, rideaux fixes en taffetas : taffetas de soie chez Turnell & Gigon. P119, store à plis creux : tissu chez Bennison Fabrics ; bordure en velours chez V.V. Rouleaux ; canapé en cuir chez Highly Sprung. P122, rideau réversible avec embrasse : lin brodé chez GP&J Baker ; coton à carreaux chez Ian Mankin. P132, store aux sequins : tissu chez Cath Kidston ; bordure à fleurs chez V.V. Rouleaux. P136, rideaux festonnés : tissu rayé rouge et blanc chez Scalamandre ; tissu à motif floral chez Bennison Fabrics ; tringles pivotantes chez Artisan. P140, rideau matelassé : vieille couverture chez Butterscotch, croquet chez Wendy Cushing. P144, simple jeté : soie chez Malabar ; frange à pompons chez V.V. Rouleaux. P148, rideaux à fleurs : tissu et bordure chez Cath Kidston ; barre à rideaux chez Cope & Timmins. P152, stores roulants : tissu rayé chez The Blue Door ; paniers de rangement chez The Holding Co. P156, rideau de rubans : rubans chez V.V. Rouleaux ; perles anciennes chez Tobias & the Angel ; barre en plexiglas chez David Industrial Plastics. P158, rideaux plissés en organdi : organdi chez MacCulloch & Wallis ; ruban en vichy chez V.V. Rouleaux ; barre à rideaux chez John Lewis ; papier peint chez Cath Kidston ; lit d'enfant chez Bump. P162, rideaux en lin à l'ancienne : drap ancien en lin chez Tobias & the Angel ; ruban en satin chez V.V. Rouleaux ; barre en cuivre et fixations chez Sasha Waddell. P164, rideaux en vichy : vichy, chambray et galon à fleurs chez John Lewis ; fleurs en velours pourpres et galon en gros-grain chez V.V. Rouleaux.

carnet d'adresses

Les modèles présentés dans ce livre ont été réalisés à partir de tissus et d'accessoires proposés par les fournisseurs suivants. La plupart étant d'origine anglo-saxonne, nous avons indiqué l'adresse de leur site Internet ou, à défaut, leur numéro de téléphone, afin que vous puissiez vous renseigner sur leurs antennes à l'étranger.

Artisan
Tringles et embouts
Tél. : 00 44 1722 203444

Bennison Fabrics
Tissus imprimés
Tél. : 00 44 20 7730 8076

The Blue Door
Tissus, meubles et accessoires
Tél. : 00 44 20 8748 9785

The Bradley Collection
Vaste choix d'accessoires
www.bradleycollection.co.uk

Brunschwig & Fils
Tissus, passementerie, papiers peints, meubles
www.brunschwig.com

Bump
Mobilier sur commande, lits en kit
www.bumpstuff.com

Butterscotch
Tissus molletonnés et en lin, neufs et anciens
Tél. : 00 44 20 7581 8551

Byron & Byron
Tringles et accessoires
Tél. : 00 44 20 8510 4800

Cath Kidson
Tissus et accessoires sur commande
www.cathkidson.co.uk

Celia Birtwell
Tissus imprimés
Tél. : 00 44 20 7221 0877

Chelsea Textiles
Tissus brodés, tringles et accessoires
www.chelseatextiles.com

Colefax & Fowler
Tissus, tringles, papiers peints
Tél. : 00 44 20 7244 7427

Cope & Timmins
Vaste choix de tringlerie, mercerie et rideaux
www.copes.co.uk

The Curtain Exchange
Rideaux d'occasion haut de gamme
www.thecurtainexchange.net

Davis Industrial Plastics
Tringles en plexiglas
Tél. : 00 44 1293 552836

Decorative Living
Meubles anciens et sur mesure
Tél. : 00 44 20 7736 5623

De Le Cuona Designs Ltd
Tissus faits main
www.delecuona.co.uk

Designers Guild
Tissus, tringles, papiers peints, meubles et accessoires contemporains
www.designersguild.com

The General Trading Co.
Meubles, accessoires et linge de maison
www.general-trading.co.uk

GP&J Baker
Tissus, tringles, papiers peints
www.decorativefabrics.co.uk

Guinevere Antiques
Antiquités du XVIIe au XIXe siècle
www.guinevere.co.uk

Highly Sprung
Canapés et fauteuils
www.highly-sprung.co.uk

The Holding Co.
Rangements de toutes sortes
www.theholdingcompany.co.uk

Ian Mankin
Tissus à carreaux, rayés et unis
Tél. : 00 44 20 7722 0997

Jali
Cache-radiateur
www.jali.co.uk

James & Alden
Outillage
www.jamesalden.com

Jane Churchill
Tissus, tringles, papiers peints et accessoires
Tél. : 00 44 20 7730 9847

J.H. Porter & Son
Accessoires métalliques
Tél. : 00 44 20 7978 5576

John Lewis Department Stores
Tél. : 00 44 20 7629 7711

The Linen Cupboard
Linge de maison
Tél. : 00 44 20 7629 4062

MacCulloch & Wallis
Tissus et mercerie
Tél. : 00 44 20 7629 0311

McKinney & Co
Tringles
Tél. : 00 44 20 7627 5077

Malabar
Tissus
Tél. : 00 44 20 7501 4200

Manuel Canovas
Tissus
Tél. : 01 43 25 75 92

The Natural Fabric Co.
Tissus
Tél. : 00 44 1488 684002

Nya Nordiska
Tissus
www.nya-nordiska.com

Pax Marie
Tissus, mobilier et anneaux de verre de style suédois
Tél. : 00 44 1225 465130

The Paint Library
Peinture et papiers peints
www.paintlibrary.co.uk

Pierre Frey
Tissus et passementerie
Tél. : 01 44 77 36 00

Sahco Hesslein
Tissus modernes
www.sahco-hesslein.com

Sanderson
Tissus, papiers peints et accessoires
www.sanderson-uk.com

Sasha Waddell
Tringles en cuivre, meubles et accessoires
www.sashawaddell.com

Scalamandré
www.scalamandre.com

Shaker
Meubles et accessoires
www.shaker.co.uk

Silent Gliss
Systèmes de rideaux et de panneaux modernes
www.silengliss.com

Tobias & the Angel
Mobilier ancien, tissus, accessoires
Tél. : 00 44 20 8878 8902

Turnell & Gigon
Tissus et passementerie
Tél. : 00 44 20 7351 5142

Valerie Brooks Bespoke Curtains
Rideaux sur mesure
Tél. : 00 44 20 7720 0011

The Volga Linen Co.
Linge de maison
et accessoires
www.volgalinen.co.uk

V.V. Rouleaux
Passementerie, rubans, mercerie
ww.vvrouleaux.com

Walcot House
Tringles en métal, accessoires
et rideaux modernes
www.walcothouse

Wendy Cushing
Grand choix de passementerie
Tél. : 00 44 20 7351 5796

Autres adresses utiles

3 Suisses
Mobilier, rideaux, tringles
par correspondance
www.3suisses.fr

BHV
Tissus, stores, rideaux sur mesure
www.bhv.fr

Bisson Bruneel
Tissus
Tél. : 01 40 29 95 81

Brass
Tringlerie
Tél. : 01 44 67 90 61

Entrée des fournisseurs
Mercerie,
passementerie
www.entreedesfournisseurs.com

Eurodif
Tissus au mètre
Tél. : 01 44 55 02 50

Houlès
Tissus, passementerie
www.houles.com

Habitat
Mobilier, rideaux, tringles, en magasin et par correspondance
www.habitat.net

Ikea
Mobilier, rideaux, tissus, tringles, accessoires
www.ikea.fr

La Redoute
Mobilier, rideaux et accessoires
www.laredoute.fr

Les toiles de Mayenne
Tissus, mobilier
www.toiles-de-mayenne.com

Les toiles du soleil
Tissus traditionnels catalans
www.toiles-du-soleil.com

KA International
Tissus et mobilier d'origine espagnole
www.ka-international.com

Laura Ashley
Tissus, mobilier, papiers peints, accessoires
www.laura-ashley.com
Tél. : 01 44 39 20 60

Lelièvre
Tissus
www.lelievre.tm.fr

Les passementeries de l'île de France
Accessoires, passementerie
Tél. : 01 48 05 44 33

Libeco
Tissus d'origine belge
www.libeco.be

Mokuba
Rubans et galons
Tél. : 01 40 13 81 41

Nobilis
Tissus, papiers peints, mobilier
www.nobilis.fr

Reine
Tissus, accessoires, passementerie
Tél. : 01 46 06 02 31

Tous les magasins de bricolage proposent un grand choix d'accessoires pour la pose des rideaux, aussi bien classiques que fantaisies, ainsi que des rideaux prêts à poser qui peuvent facilement être personnalisés. Et puis n'oubliez pas les brocantes et vide-greniers ! On y trouve de très jolis anneaux en bois ou en cuivre, des tringles et des embouts qu'il suffit d'astiquer pour qu'ils retrouvent leur splendeur, ainsi que des embrasses. On peut aussi, avec de la chance, dénicher des rideaux à adapter aux fenêtres à garnir en les retaillant ou en ajoutant une bordure, à découper pour récupérer les meilleures parties pour en faire un patchwork. Tous ces objets, patinés par le temps, auront l'air de faire partie de votre maison depuis longtemps. Écumez les marchés, on y trouve souvent de jolis coupons, qu'il sera souvent impossible de réassortir mais qui pourront, selon leur taille, servir à la confection d'un rideau isolé. Pensez enfin aux solderies qui vendent les fins de rouleau des grandes marques de tissu.

index

Les chiffres en gras renvoient aux modèles présentés, les italiques aux légendes.

remerciements

Certains de mes amis ont eu la gentillesse de me laisser envahir leur maison avec mes rideaux, mes stores et pas mal de gens. Parmi eux, Suzanne et Chris Sharp, Martine et Nick Criticos, Gabi et Pierre Tubbs, la famille Harrington, Marylin Phipps et Martin Butler, ainsi que Seskin Kelly : à vous tous, un grand merci !

Je remercie également David Hiscock pour ses photos exceptionnelles, dont on ne voit même pas que certaines ont été prises alors qu'il faisait un temps affreux. Il a fourni un travail très professionnel. Quant à Lizzie Sanders, ses aquarelles illustrent superbement certaines réalisations, et ce sont de véritables œuvres d'art. Merci Lizzie !

Bien entendu, la réalisation de tous ces projets a requis une grande quantité de tissu, dont on m'a pour l'essentiel généreusement fait don. Merci à Trudi Ballard de Colefax & Fowler, Antonia Lake de Malabar, Cath Kidston, Jilly Newberry et Louise Laycock de Bennison Fabrics, Angela Childs de Celia Birtwell, Elizabeth Henderson de Butterscotch, Matthew Gomez de Turnell & Gigon, Sue Avery de Scalamandré et Emma Wilcock de GP&J Baker. Les tringles et les barres ont été fournies par les personnes suivantes : Ali Edney de la Bradley Collection, Matthew Robinson de Silent Gliss, tous deux de McKinney & Co., Sasha Waddell et Nanuschka Jackson – je les en remercie.

Valerie et Jim Brooks ont confectionné une bonne partie des rideaux et stores pour ce livre. Merci à tous deux pour votre grande gentillesse, votre bonne humeur et votre professionnalisme. Helena Lynch a également conçu pas mal de ces projets en apportant son intelligence et son efficacité habituelles. Alexandra Martins et Catherine Coombes m'ont été d'une aide et d'un soutien énormes pendant les séances photo – je les en remercie de tout cœur.

À Quadrille, je tiens à remercier Françoise Dietrich pour son aide et ses précieux conseils en matière de direction artistique, ainsi que Nicki Marshall et Alison Moss pour la relecture ! Merci à Lucinda Ganderton pour son soutien lors de la réalisation technique des projets. Sans oublier bien sûr la délicieuse Jane O'Shea, sans laquelle cet ouvrage n'aurait pas vu le jour.

Mes pensées vont enfin également à Ronald Abrahams, qui m'a été d'un soutien précieux dans une Normandie noyée sous la pluie.

crédits photographiques

1velcro-5 David Hiscock ; 6velcro-7 Verne Fotografie/architect Jo Crepain ; 8 View/Sally-Ann Norman ; 9 Marie Andersson/©Stiftelsen Skansen ; 10 The Interior Archive/Fernando Bengoechea ; 11 The Interior Archive/Andrew Wood/designer Alison Henry ; 11 insert au bout à gauche Verne Fotografie ; 11 insert au bout à droite The Interior Archive/Fernando Bengoechea/designer Glenn Gissler ; 11 insert gauche Richard Glover/ architect Ian Hay ; 11 insert droit Camera Press/Sköner Hem/IMS ; 13 Deidi von Schaewen/designer Gaetano Pesce ; 14 Minh & Wass Photography/designer Betsey Johnson ; 15 Marie Claire Maison/Nicolas Tosi/Josée Postic/Renault/designer Jacqueline Morabito ; 16velcro-17 Minh & Wass Photography/architect Pierce & Allen ; 18 Christian Sarramon ; 19 Marie Claire Maison/José van Riele/Karin Scheve ; 20 Alexander van Berge/Menno Kroon ; 21 Minh & Wass Photography ; 22 au centre Andreas von Einsiedel ; 22 à gauche Marie Andersson/© Stiftelsen Skansen ; 22 à droite Andreas von Einsiedel ; 23 The Interior Archive/Edina van der Wyck/designer Charlotte Scott ; 24 à gauche IPC/© Homes & Gardens/David Montgomery ; 24 au centre Ray Main/Mainstream ; 24 à droite Alexander van Berge/designer Wim van de Oude Wetering/Elle Wonen ; 25 à gauche Christian Sarramon ; 25 à droite David Hiscock ; 26 à gauche Richard Glover/architect John Pawson ; 26 à droite Narratives/Jan Baldwin/architects Melloco & Moore ; 26velcro-27 The Interior Archive/Edina van der Wyck ; 28 velcro-29 Christian Sarramon ; 29 au centre Christian Sarramon ; 29 à gauche Deidi von Schaewen/architect Gilles Bouchez ; 29 à droite The Interior Archive/Frtiz von der Schulenburg/designer Jean-Louis Germain ; 30 Ray Main/Mainstream ; 31 au centre Verne Fotografie/architects Robbrecht & Daem ; 31 à gauche Marie Claire Maison/Christoph Dugied/Josée Postic ; 31 à droite Didier Delmas/designer Roberto Bergero ; 34 velcro-41 David Hiscock ; 42 velcro-43 Marina Faust/courtesy AD France/Les Publications Condé Nast ; 44 en haut à gauche Christian Sarramon ; 44 en haut à droite Marie Claire Maison/Marie-Pierre Morel/Josée Postic ; 44 en bas à gauche Minh & Wass Photography/designer Betsey Johnson ; 44 en bas à droite Mark Seelen/designer Winka Dubbeldam ; 45 en haut VT Wonen/photographer Grootes ; 45 en bas World of Interiors/Alex Ramsay/designer Diane de Clercq ; 46 velcro-85 David Hiscock ; 86 velcro-87 The Interior Archive/Simon McBride ; 88 en haut à gauche Didier Delmas/designer Bénédicte Laglenne ; 88 en haut à droite Red Cover/Andreas von Einsiedel ; 88 en bas à gauche Minh & Wass Photography ; 88 en bas à droite Marie Claire Maison/Christophe Dugied/Josée Postic ; 89 en haut The Interior Archive/Fritz von der Schulenburg ; 89 en bas Lars Hallén ; 90 velcro-128 David Hiscock ; 128 velcro-129 World of Interiors/Simon Upton ; 130 en haut à gauche Narratives/Polly Wreford ; 130 en haut à droite Marie Andersson /©Stiftelsen Skansen ; 130 en bas à gauche IPC/© Homes & Gardens/James Merrell ; 130 en bas à droite Marie Claire Maison/Nicolas Tosi/Julie Borgeaud ; 131 en haut The Interior Archive/Andrew Wood/designer The Cross ; 131 en bas The Interior Archive/Henry Wilson/artist Celia Lyttleton ; 132-175 David Hiscock.